那些"开小差"的学生怎么办？

NA XIE
"KAIXIAOCHAI" DE XUESHENG
ZENMEBAN?

［美］唐娜·沃克·泰勒斯通 著
Donna Walker Tileston

张小红 译

教育科学出版社

·北京·

作者简介
About the Author

唐娜·沃克·泰勒斯通（Donna Walker Tileston），女，教育博士，教龄 27 年，美国策略教学组织（Strategic Teaching and Learning）主席。策略教学组织为全美和加拿大的学校提供顾问性质的咨询服务。唐娜已出版的其他著作包括:《模块内外的教学策略差异》（Strategies for Teaching Differently: On the Block or Not, 1998）、《模块教学计划中的创新策略》（Innovative Strategies of the Block Schedule, 1999），以及 Corwin 出版社最受欢迎教师教育用书《提升教学能力的 10 项策略: 运用脑科学和学习科学促进学生学习》（Ten Best Teaching Practices: How Brain Research, Learning Styles, and Standards Define Teaching Competencies, 2000）。

唐娜在北得克萨斯州大学获得本科学位，在东得克萨斯州州立大学获得硕士学位，并在得克萨斯 A&M 商业大学获得教育博士学位。你可以通过登录 www.whateveryteachershouldknow.com 与她本人取得联系。

那些"学不会"的孩子怎么办？

积跬步，至千里

——教师专业发展自 ABC 始

赵宁宁

在英语辞典里，"ABC"作为一个单词，有"基本（基础）知识"的意思。Corwin 出版社新近出版的 *What Every Teacher Should Know About* 丛书，即是这样一套面向一线教师传播教育教学中的基础知识和基本概念的丛书。丛书涉及学生学习行为背后的心理过程（《学习是怎么发生的?》）、不同群体学生之间的差异（《学生的差异在哪里?》）、特殊学生的学习需要（《特殊孩子的需要你了解吗?》）、教学设计的基本原理及策略（《如何设计有意义的学习?》)、教学媒体技术的运用（《你的媒体武器装备好了吗?》)、教学策略的选择与使用（《如何策略地教学?》)、学生课堂行为的管理（《那些"开小差"的学生怎么办?》)、教学评价（《你怎么知道学生会了?》)，以及教师在政策环境中的角色地位（《教师意味着什么?》）九个话题。教育科学出版社在翻译引进这套书的过程中，将丛书定为"初任教师·教学ABC"，从而更加聚焦读者对象，将之定位为给初任教师、师范生阅读的专业发展培训用书。

"初任教师·教学ABC"丛书，有两大鲜明的特点。一是围绕教育教学的基本概念做文章，引导教师对教育教学中的一些常见词汇（概念）形成较为清晰的理解与认识。例如，"Alignment"一词，在原著中所指就很明确，它是指国家（州）课程标准规定的学习内容与教师在课堂上教授的内容以及在各类评价中所考核的内容要保持一致。翻译引进时，我们将该词确定为"教育内容的一致性"。这既是一个所指清晰的概念，也是一个美国教育同行们为之奋斗的目标。认识这一概念，对落实我们新课改的理念及国家课程标准中规定的学科课程目标，是极有启发和帮助的。此外，为帮助教师更好地理解丛书涉及的关键概念，作者还独具匠心地编制了相应的表格及前后测题目，这种设计思路，很值得国内的教师培训者与一线教师借鉴学习。

丛书的另一大特点在于，作者并非就概念谈概念，而是把更多的笔墨放在了如何以这些所指清晰的概念为基础，探讨解决教育教学中常见问题的方法、策略上面。细心的读者会发现，这套丛书中包含大量实用的教学建议、方法和策略。而几乎每一条教学建议、推荐的方法与策略，都是建立在近十年来美国教育研究（特别是脑科学与学习心理学研究）的最新成果以及作者本人丰富的教学经验基础之上的。这样的建议、方法与策略，老师们既可以拿来即用，又可在其基础上改变创新，以适应自身教学实践的需要。为了方便读者记录阅读时的所思所想，增强丛书与读者的互动，出版社还在每册书的大部分单数页下方，留下了空白，这一小小的设计，或许也能为大家的阅读增添一些乐趣。

当今社会，各国都在不断追求教育质量的提升，这其中，教师专业发展的程度可谓关键。但教师专业发展的实现有待多方面的努力。理论研究者，需要真切地关注一线教学实践，研究真问题，关注研究成果的现实转化能力；一线教师，则需改变以往对待理论学习的态度——要么觉得其高深莫测、敬而远之，要么觉得其无甚价值，不屑一顾。就像丛书作者泰勒斯通在书中所说的那样：如同要想让孩子在考试中取得成功，必须教授其考试涉及的各个概念一样，教育教学如想有效，也必须对常见的概念、最新的研究成果有清晰的了解。在自觉提升理论素养的同时，努力在教学实践中大胆运用已有研究成果，改变以往只从个体经验与思维出发、笼统模糊地把握教育规律的习惯意识，更加注重教学实践的科学性。惟其如此，教师才能站在更为坚实的基础上，实现自我的专业化发展。

不积跬步，无以至千里。如同学生的成长发展一样，教师专业发展也必将是一个漫长的过程。我们翻译引进这套丛书，就是希望一线教师能够借此了解国外研究教学问题的思路、方式，从细节着手，从ABC做起，在虚心向外求教的同时，抓紧研究、解决好自己的真问题。

那些"开小差"的学生怎么办

目 录
Contents

我们"习以为常"的教学正确吗?

|致 谢|
Acknowledgments

我真诚地感谢"初任教师·教学ABC"丛书的策划编辑费伊·楚克尔,感谢她坚定的教育信仰。她坚信丛书涉及的方方面面可以帮助所有的孩子获得成功。没有费伊的帮助,这一本一本的小册子是不可能付梓出版的。

同样需要感谢的,是我一生中遇到过的最好的编辑团队:黛安娜·福斯特,斯泰西·瓦格纳,克里斯·伯格斯泰德。你们的工作着实令本书生色不少。衷心感谢诸位!

最后,我还要感谢亲爱的策略教学委员会理事长杜兰尼·豪兰先生。丛书写作过程中,无论苦与乐,你都坚持与我同行,你的远见卓识与无私帮助于我而言,是无比宝贵的财富。

那些"求人忘"的教及自己？

众所周知，课堂是进行教育教学活动的场所，同时它也是由教师、学生和环境构成的一个微型的社会系统，具有相对的复杂性。因此，为了保证课堂的有序与高效，教师需要时刻关注这个系统中的各个构成元素，并及时妥善地处理出现的矛盾与冲突。

译者大学毕业之后曾从事过三年的大学教学工作，后来离职攻读硕士学位，毕业之后进入北京的一所中学任教。起初，我对于自己新的职业生涯充满了期待，认为义务教育是一项神圣的事业，学生会尊重和服从自己，无需进行特别的管理。那时我并没有意识到课堂管理的重要性，认为管理班级主要是班主任的职责，而我只要教好课程便足矣。然而从随后的教学实践中，我越来越认识到，如果一个教师不能兼顾教学与课堂管理，则会时常顾此失彼，甚至由于对出现的问题束手无策而影响课堂教学效率。

如今随着教学经验的不断丰富，我通过多种渠道提高了自身的教学成效。例如，通过教学进修方式，我获得了理论与实践的契合，使自己在教学上更精进；通过阅读学习相关专业书籍，我也愈发意识到，不管是对新任职教师还是资深教师，教学活动成功与否的关键在于教师的课堂管理是否有效。近些年，媒体对于课堂管理的负面事件也时有报道，究其原因，在于部分教师在面对有课堂行为问题的学生时往往情绪不当、行为失控，导致冲突升级，甚至带来严重的后果，这引发了全社会对教师职业技能以及职业道德的深刻反思与广泛讨论。

你手中的这本书是由有着 27 年丰富教学经验的教师唐娜·沃克·泰勒斯通所著。在本书中，作者从不同角度来讨论班级纪律与管理的具体操作方法。读完本书之后，也许你也可以像我一样，尝试运用其中的方法。也许你会发现，这是一本有魔力的书，是一本沉甸甸的、有分量的书，因为它里面装的东西足以让教师受用一辈子。还有什么比作者鲜活的经历和基于实践研究的数据、成果更能给你以启发呢？

　　本书的注释部分不是原著中的内容，而是我应教育科学出版社编辑的建议在翻译过程中添加的。该部分是额外的评论和感想，不能被视为作者的观点，更不能被视为原著的组成部分。

　　本书的完成，必须要感谢教育科学出版社编辑谭文明，是他使得我们一线教师有这样的学习机会。感谢本书的责任编辑何薇，她的辛苦劳动使本书得以顺利出版。也要感谢我的好友兼同事陈阳以及我的妹妹张小林老师，她们是我译著的第一批读者，谢谢她们中肯的意见与建议。

张小红

2013 年 1 月 21 日

那些"开小差"的学生怎么办？

课堂中学生的"开小差"行为，占用了很多本该用在学习上的时间，更不要说教师和其他学生的情感付出了。简而言之，教室里98%的行为问题都仅仅是"开小差"行为。对现在的孩子们而言，这个问题不是什么大问题，然而浪费的时间却不少。"开小差"行为包括敲铅笔、睡觉、和邻座聊天、传纸条等，这些都是不集中注意力的表现。如果教师善于运用一系列脑协调程序，学生中大部分这样的行为是可以避免的。通过脑研究，我们了解学生专注的原因以及学生"开小差"的部分原因。

这本书旨在关注课堂中行为问题的不同类型，找出问题的根源，然后探究有效解决问题的方法。本书不是灵丹妙药，而是引导教师去帮助学生，让他们意识到自己的行为问题，并且学会对自己负责。优秀的课堂管理者是很好识别的，因为他们具有一些特质，能引导学生成为良好的自我管理者。在接下来的章节中，我们将讨论七种策略，以防止学生出现"开小差"的行为。同时我们也会讨论：当学生"开小差"或者出现更严重的行为问题时，老师应该如何应对。

我们会依据脑研究来探讨这些行为。大脑的三种系统中，自我系统对学生的成功影响最大。自我系统决定着我们是否专注，决定着我们是否能利用内在动机。有智慧的老师善于运用这种脑系统，使学生专注于学习。

有时，行为问题超出了"开小差"的范畴，必须马上处理。如果出现这样的问题，教师应该通过语言或者动作提醒学生，使他们尽快回到学习状态中。接下来我们也会谈到处理这类问题的具体技巧。

城市贫民区的学生只有在了解隐性规则，并且感觉被课堂接纳的时候，他们的认知结构才会起作用。如果教师不了解或者不理解这一点，那么和学生的相处就更具挑战性。学生们必须知道：课堂行为规范与工作场所的规范是不同于大街上的规范的。他们必须知道如何在不同环境中灵活运用这些规范。

教师若有课堂行为计划，就能更好地避免学生在课堂上的冲动。这也能优化学习时间，从而提高学习的效率。

元认知研究表明，先教概念能帮助学生学习，且对学生的学业成功起着至关重要的作用。基于这一点，我先列出和本书有关的概念。请在表1中写下你知道的有关概念的定义。等到读完本书，看看是否改变了想法，或者是否加深了对概念的理解。这里我准备了前测概念，以便检测你尚未阅读时的理解。

表1　本书涉及的概念

概　念	英文原称	你的定义	修订后的定义
行为评估	*Assesment of behavior*		
高危险群学生	*At - risk*		
肢体语言	*Body language*		
课堂管理	*Classroom management*		
合作学习	*Cooperative learning*		
体罚	*Corporal punishment*		
效能感	*Efficacy*		
情绪	*Emotion*		
情商	*Emotional intelligence*		
隐性规则	*Hidden rules*		
冲动性	*Impulsivity*		
认知方式	*Modalities*		

续表

概　念	英文原称	你的定义	修订后的定义
贫困	*Poverty*		
奖励与惩罚	*Rewards and punishments*		
自我管理	*Self – management*		
小组学习	*Study groups*		
临时分组学习	*Temporary groups*		
思维系统	*Thinking systems*		
话语体系	*Voices*		

注：此表格的版权归属原著出版社 Crowin Press，复制并使用此表的权利仅限于购买本书者。

说明：请对下列问题作出正确选择（选项唯一）。

1. 自我管理技能受控于＿＿＿＿＿＿＿。

A. 自我系统

B. 元认知系统

C. 认知系统

D. 管理系统

2. 效能感和＿＿＿＿＿＿＿有关。

A. 以往的成功经验

B. 管理系统

C. 移情

D. 遗传

3. 大部分学生是＿＿＿＿＿＿＿。

A. 运动直觉型

B. 听觉型

C. 视觉型

D. 嗅觉型

4. 课堂最好的学习方式是_____。

A. 独立学习

B. 合作学习

C. 竞争学习

D. 三者结合

5. 下列关于临时分组学习的特点哪个是错的？_____。

A. 每天见面

B. 见面很短一段时间

C. 互相帮助

D. 融入社会技能

6. 下面哪个不是高危险群学生的特点？_____。

A. 经济条件

B. 失败经验

C. 阅读技能

D. 单亲家庭

7. 下列对隐性规则的正确认识是_____。

A. 隐性规则就是没有张贴的班级规范

B. 隐性规则常见于没有规矩的学校

C. 隐性规则实际与社会经济群体有关

D. 隐性规则是由低学历的家长带来的

8. 同情他人是_____的一种特征。

A. 情商

B. 认知系统

C. 感觉

D. 冲动性

9. 内在动机是_____。

A. 建立在奖励基础上的

B. 由自我系统控制的

C. 由认知系统控制的

D. 由元认知系统控制的

10. 下列的学习状态哪些是正确的？_____。

A. 学生需要低挑战

B. 学生需要低压力

C. 学生不需要压力

D. 学生不需要挑战

11. 下列关于合作学习的观点中，哪些是正确的？_____。

A. 教师把学生分成小组就实施了合作学习

B. 合作学习总是包括社会技能

C. 合作学习一般是四个学生一组

D. 每节课都应该有合作学习

12. 学生遇到不能解决的问题时就退出，表明_____。

A. 其存在元认知问题

B. 其具有冲动性

C. 孩子的心声

D. 认知问题

13. 老师讲了 20 分钟后，让学生分组学习剩下的内容。这位老师很有可能是要_____。

A. 准备结束这堂课

B. 介绍本单元

C. 练习设定目标

D. 改变学生的学习状态

14. 教师作完示范后让学生练习所学内容，此时_____对监控学习最重要。

A. 自我

B. 元认知

C. 认知

D. 实验

15. 我们生气时，常会把手_____。

A. 放在背后

B. 放在腰上

C. 放在两边

D. 合拢

16. 沃尔特斯老师为了给学生提供必要的帮助，一直在巡视课堂。突然他注意到有一个学生扭头和同学说话，接下来他该怎么做？_____。

A. 盯着学生

B. 让学生去走廊站着

C. 以全班学生都能听到的音调去阻止学生

D. 把手放在学生课桌上予以暗示

17. 沃尔特斯老师准备离开这个学生的座位时，他发现这个学生稍微转了一下身体，这通常表明什么？_____。

A. 老师离开后，这个学生又会继续和同学说话

B. 这个学生在教室里觉得不舒服

C. 这个学生觉得失望

D. 这个学生对环境感觉不安全

18. 这个学生一投入到学习中，沃尔特斯老师就表扬了他，接着就走开了。他听到这个学生嘀咕："好像我很在乎你的表扬一样。"沃尔特斯老师应该_____。

A. 当做没听见，继续巡视

B. 让学生去办公室待着

C. 走到学生那儿提醒他继续学习

D. 对学生的话给予回应

19. 提问时，最重要的是教师不要_____。

A. 给聪明的孩子更少的等待时间

B. 学生不会答的时候重复一下问题

C. 对于偏爱的答案给予赞扬

D. 避免提问高危险群学生

20. 关于智力下面哪个说法不正确？_____。

A. 智力是解决实际生活问题的能力

B. 智力是提出问题并解决问题的能力

C. 智力是创造事物和提供自己文化认可的有价

值的服务的能力

D. 智力是天生的、不变的

传统的纪律

Old-Fashioned Discipline

那些"开小差"的学生怎么办？

> 过去的理论认为，我们能促使学生学
> 习，我们所要做的就是严格。 旧的理论从
> 来没有在历史上创造出任何智力成果，所以
> 在智力方面不可能起很大作用。
>
> ——Glasser，转引自：Gough，1993

以往那些建立在奖惩制度基础上的行为模式，旨在变消极行为为积极行为。学生们表现好就会得到奖励，表现不好会受到惩罚。教师对纪律问题常不假思索地作出反应，极少规划并作出最利于学生的反馈。教师的普遍态度是在课堂上用"个人一贯的方式或特殊方式"处理纪律问题。学生们在课堂上也通常用特殊的方式给予回应。那些被处罚的学生常常辍学，并找到一些并不需要多高文凭的工作，或者成为街头混混。① 现在，联邦和州的法律

---

① 确实，严厉的老师往往会少很多的麻烦，学生对你的要求很少反抗，即使满腹牢骚也只能无奈完成。这些老师奖惩严明，学生知道如果完不成老师布置的任务将会承担什么样的后果，但内心的不满、怨恨往往越积越多，最终他总会寻找一个突破口，要么积极后爆发，要么远离学校。曾经有一位要辍学的学生这样跟我说："老师，不是我不想读，我是实在读不下去了，作业不会做没做完挨批评，我抄袭别人的做完了也要挨批评，上课啥也听不懂，但也要坐好，装出认真的样子，要不也要挨严厉的批评。这样让我觉得自己太没用了。无论怎样我都不想读了，即使到外面去擦皮鞋我也愿意。"每回见到如此决绝的"穷途末路"的学生，我都觉得很愧疚。学校难道不是培养人的地方吗？学生的自信心、成就感和满足感怎么越读越被磨光了？

都出台了要防止学生过早辍学的规定。

　　"个人一贯的方式或特殊的方式"对学生不起作用时，教师就会把学生推向街头，并导致生命和资源的重大浪费。格拉瑟（Glasser，1986）说："第二次世界大战之前，我们没有具体的纪律课程。我们通过驱赶不守规矩和不爱学习的学生来维持学校秩序。现在我们让那样的学生继续待在学校，想办法让他们安静地学习。"

　　以往的模式建立在"刺激—反应"或者是奖惩

制度的基础上。那些模式可以对有学习动力的学生起作用，但对那些需要没有得到满足的学生，或者以不同方式学习的学生来说，是一种彻底的失败。柯威（Curwin）和门德勒（Mendler）把过去的模式看成是一种"服从模式"，因为它们是建立在教师已有权利的基础上，通过恐吓与惩罚，胁迫学生服从的。柯威和门德勒说："服从使教师在短期内有轻松感、权力和控制感。从长远来看，服从会导致学生不成熟，缺乏责任感，不能独立地、批判性地思考问题，他们还会以退缩、攻击或者权力斗争来表达反抗。"伯克（Burke，1992）还说："在这场老师和学生对决的游戏中，最重要的是不被老师抓住。"

今天的教师都知道，有一半的学生不适合"服从模式"，该模式对于改变学生的消极行为和培养情商都不利。教师专业发展中心的研究（The Master Teacher，2002）曾指出，现在任何课堂管理模式应该包括三种教师行为。

第一，所有课堂管理模式中教师都应该教会学生自律。教师专业发展中心的研究解释说："我们需要指出学生的不良行为，但不能指望指出他们的不良行为后，他们就能学到良好行为。我们也不能指望通过批判、训斥和惩罚学生来使其有所改变。"①

　　第二，必须提前告知学生教师对他们的学业与表现的期望。当然，在这个教室里被接受的规则，在另一个教室里不一定被接受。所以我们必须很明确地告诉学生我们对他们的期望。如果可能，我们应该把这些规则很简洁地写出来，贴在教室里。②

　　第三，期望的行为应该符合具体情境。比如，安静地阅读时和小组学习时被接受的行为是不一样的。同理，在教室、餐厅和体育馆被接受的行为也是不一样的。如果教师和管理者能就对学生在校表现的期望

①　教学生学会自律，养成良好的学习习惯非常重要，但批判、训斥、惩罚学生只能得到一时的效果。对此我深有体会。下雨时，学生在课间不用跑操，在教室吃着营养餐的学生就三三两两凑在一起，嘻嘻哈哈闹成一团，课堂一片混乱，每当这个时候，我都会怒火中烧，把学生狠狠批评一番。没想到下次进教室还是"往事重演"。看来得改变策略了，我改变往常的严厉面孔，微笑着对一位边吃边看书的学生竖起大拇指："瞧瞧小 Y，他多会合理利用时间。鲁迅说过他不是天才，只不过把别人喝咖啡的时间用在了写作上。小 Y 和我们的大文豪一样，把你们喝牛奶、吃面包的时间用在了学习上。"然后我围着教室转一圈，把认真学习、看书的学生的姓名写在黑板上，将他们大肆表扬一番。没想到这招真奏效，下次一进教室，班长有模有样在前面组织学生自学。事后听说为的是赢得老师灿烂的笑脸，甜蜜的表扬，这样让他们心情愉快，很有成就感。看来，老师鼓励的语言、灿烂的笑脸对学生魅力无穷！

②　作为老师，每次开学的第一堂课，我都会对学生各方面提出明确的要求。作为班主任，开学最重要的工作就是召开班委会，制定一套切实可行的班规班约，对学生的学习、卫生、纪律等方面作出明确的规定，然后全班讨论通过，严格执行。同时，要提出全班的共同目标：创优秀班级，做最好自己，每月评为学校的品质班级。然后要求学生制定个人目标，如学习目标、赶超对象、座右铭等，写在一张小纸条上贴在座位的右上角。这样，学生有了学习的动力，班级也会形成良好的班风和学风。学生你追我赶，互帮互助，班级工作自然会一帆风顺。

更多地达成一致，学生就能顺利地从一种情境转移到另一种情境。要确保学生理解在不同的学习情境中教师对他们的不同期待。比如说，"不能说话"这一规则在鼓励学生就不同观点进行互动的课堂上就没有任何意义。①

在接下来的章节中，我们会关注学生建立情感和自我意识的模式，以使学生对自己的行为和学习负责。我们也会观察优质课堂管理的特点，培养学生自我管理的能力。在第 6 章中，我们会逐步指导你如何在上课伊始就建立良好的纪律管理标准。

---

① 不同的情境会有不同的要求。如：自习课是学生预习、做导学案的时间，我就会要求学生绝对安静，养成独立思考、认真作业的习惯，遇到不懂的问题用红笔写上质疑，以便课后讨论；课堂合作交流时我要求学生积极参与，热烈讨论，鼓励他们各抒己见，通过生生互动、师生互动，让课堂活跃起来，让学生的头脑动起来，让学生思维的火花在课堂上激情四射。

2

为什么"开小差"？

The Basis for off-Task Behavior

> 与其他任何学习系统不同，大脑的情感
> 学习系统是个体的外显特征，并为人们如何
> 与人交流、如何学习、如何行动以及如何应
> 对环境设定步骤。
>
> —— Given

詹森（Jensen，1997）说，课堂中所谓的行为问题，大部分都不是真正的行为问题，而"开小差"的行为也是由学习问题引起的。当所学内容和自己生活无关时，我们就会觉得无聊；当对所学内容感到焦虑时，我们就容易走神。在这些情况下，我们就会"开小差"。回想一下：你在教室里听课、外出开会或者培训时，如果所讲内容太无聊了，或是呈现不当，或是这些内容和你生活无关，你会干什么呢？你是和邻座聊天，是睡觉还是做其他的事呢？当学生在同样的情况下表现出和我们一样的行为时，我们就不应该大惊小怪。

专注的起点

一上课，我们就必须为学生提供学习内容和指导。这时，他们的大脑就作出重要决定：是否专注于学习。我们要吸引学生的注意力，就必须和很多其他因素竞争。这些因素包括：即将开展的活动，教室里的其他学生，传入感官的刺激。大脑在同一时间不可能对所有事情都关注，它必定要作出选择，所以我们必须使学习成为大脑的第一选择。

詹森说，学生要认真学习，他们必须具备内在动力，必须处于全神贯注和低压力的状态下。为了帮助学生从一开始就取得成功，我们一起来看看下面这些因素。

内在动力

98% 的学习都是通过感觉获得的。作为教师，我们要运用各种感觉刺激来吸引学生的学习注意力。我们可以通过视觉、听觉、嗅觉、触觉、味觉或者这些感觉的组合来达成这个效果。在几秒钟内，学生的大脑就会作出反应，并决定是否要集中注意力来学习。这种学习动力是由大脑自我系统控制的。1998 年，马扎诺（Marzano）对学生学习最具影响力的教学实践进行了统合分析研究，他和同事们发现，学生取得的成功绝大部分源于自我系统。实证研究表明，不仅学习开始于大脑自我系统，而且在学习开始前，自我系统应该已经直接参与其中了。

通过分析教学策略，我们可以得知哪种系统对学习影响最大。比如说，如果一种教学策略能帮助学生增强信念与态度，则这种教学方法运用了自我系统；如果一种教学方法有助于确立教学目标，则这种教学方法运用了元认知系统；如果一种教学方法侧重进行教学内容分析，则这种教学方法运用了认知系统。（Marzano et al, 2001）

研究发现，自我系统在这三种系统中对学生成功的影响最大，能使学生学习成绩大幅度提升，其次是元认知系统，最后才是认知系统。

自我系统与行为

自我系统包括态度、情感和作为内部动机中心的信念等，它决定学生是否注意，是否参与任务，是否认真地完成作业。自我系统有四个组成部分，每一部分对学生的行为都起着决定性影响。

自我系统的第一个组成部分是认识到（学习的）重要性。为了使学生更专心，必须让他们认识到这些知识和任务是与自己是有关的，而且掌握这些知识对于完成任务是非常重要的。任务必须具备适当的挑战性。汤姆林森（Tomlison，1999）说，"当任务具备挑战性时，学生们能进入一个未知的领域探索，并且他们已有的旧知识能促使他们进行探索，他们经过后续的努力能到达一个更高的水平"。学生必须坚信"他们拥有足够的信息和资源，只要肯努力，就一定能成功"。他还说："学习总是不及格的学生会丧失学习的动力，而太容易成功，也会使学生丧失学习的动力。"①

自我系统的第二个组成部分是效能感。效能感就是学习者的一种信念，他（她）认为自己有能力完成任务，或者有能力掌握某些知识。这种信念是建立在过去经验的基础之上。这也是为什么成功对于学生很重要的原因。成功能让学生建立自我效能感，成功孕育成功。自我效能感和自尊是不同的，自尊是相信自己，而自我效能感是由于以前成功的经历，使

---

① 学生 S 在开学初表现非常优秀，课上认真听讲，积极回答老师提出的问题，热衷班级事务。几周之后，他整个人完全改变了，一上课就坐立不安，不是低头忙着找东西，就是回头轻声地和同学说话。据了解，这个学生上了课外班，课上所学内容他早就掌握了。教师为了照顾大部分学生的水平，只能以这样的进度讲课，但这些课业对他而言就太简单了，久而久之，他也就丧失了学习的动力。对这样的学生，在确保他们掌握了本节课的内容的基础上，教师可以单独给他们布置额外的任务，这些任务必须是超出他们原有水平，但是经过努力又能达到的。

得我们相信自己能做某些事。自我效能感更有效，因为它是建立在过去经验的基础上的。我们可以通过给学生具体反馈，促使他们建立自我效能感，从而使其取得成功。学生必须知道，他们做的事情哪些是对的，哪些方面还需要改进。更加重要的是，我们要使学生更上一层楼。

在贫困学生身上，我们常常看到他们表现出来的无助感。人们普遍认为，这是因为在他们很小的时候，家庭不能帮助他们摆脱困境，他们也无法作出改

变，所以他们认为贫困就是自己的宿命。如施普伦格
（Sprenger，2002）所说，"习得性无助是一种混乱状
态，它意味着在儿童的大脑中因果关系不再彼此关
联。"切记，无助是后天习得的，并非基因所致。我
们能帮助学生摆脱这种混乱并重新获得积极的自我效
能感。① 詹森认为，教师开始教学时，应设计简单任
务，然后逐渐提升，直到教学任务具有一定难度，但
这个过程中，学生的压力应始终保持中下水平。我们
如何能够在学生觉得压力不大的前提下设计较难的学
习任务？这需要通过给学生提供铺垫来实现。我们应
在逐渐提升任务难度的同时，为学生提供这种铺垫，
而不是一开始上课就设计很难的任务。

---

① 立足长处，培养自信。对于贫困生来说，要找他的缺点批评他，
毫不费力就能找到很多条，但这样做，只能打击他的自信心，强化他的
自卑感。他在自己不长的人生路上，经历的批评打击是够多的，甚至可
以说是过剩的。他不缺少批评，缺少的是鼓励，是肯定，是别人帮他找
到长处，使他的自信心有个落脚的地方，有个根据地。有一个贫困生小
Z，学习很差，上课不认真，字迹潦草，曾有学生形象地评价他的字迹为
"心电图"。我刚接手教他时，看到他的作业时，第一反应是撕了重做，
但转念一想：这样的行为前面的老师肯定做过无数次，要是有用，现在
不会还是 "心电图"？要不我换种方式试一试？我通过明察暗访，发现身
材高大的他很有正义感，爱帮助人，干活是一把好手。于是，我把他找
来，诚恳地说："听说你心肠很好，爱帮助别人，干活认真，老师决定让
你担任班里任务最艰巨的职务——卫生委员，老师相信你一定能干好这
份工作，成为一名优秀的学生。"从没得到过老师重视的他受宠若惊，做
事特别认真负责。自从他上任后，我们班的卫生从未扣过分。随着受到
的表扬和肯定越来越多，他学习也开始认真起来，写字有了明显的进步。
我在班上把他前后的作业做了一个对比，同学们赞叹有加，这给他鼓足
了干劲。越来越认真的他下课后还拉着同学讨论起问题来。他的自信心，
植根于信任和欣赏的土壤上，一点点成长起来了。

　　当学生对他们的学习丧失信心时，我们可以运用几种策略来帮助学生建立自信。詹森（Jensen，1997）说，当提及如何改变学习者的信念时，自我评价的作用特别重要。如果学生已经认为他会成功，那么只要稍加巩固，学生就可以在头脑中保持这种信念。他还说，学习比较慢的人，或者认为自己总是失败的人，教师必须运用三种学习标准来说服他。詹森所指的三种学习标准如下。

　　第一，以学生偏爱的学习方式来巩固新知识。知识是通过感官进入大脑的。我们大部分人都有自己偏爱的学习方式。当我们以那种方式学习时，就会感觉舒服，学习就能更好地持续下去。对于视觉型学习者（课堂中大部分学生都属于视觉型学习者）来说，他们可以看出数学是如何起作用的，或是以某种方式用视觉来理解学习，这有助于让他们相信自己是有能力学好的。如果学生第一次没有学会，第二次就一定要以他们最偏爱的方式去教，这样他们才能学会。学生们课堂表现不好的原因之一是，第一次没有学会，第二次还要以同样的方式学，而这种学习方式并不适合他们。当你教授新内容时，可运用多种教学方法以适应所有学生。组织者是一种很好的复习旧知识的方式。大部分组织者分为语言式（通过语言表达传递信息）和非语言式（通过结构而非语言来传递信息）。语言组织者的一个最好例子就是学习日志，学生可以记录下他们关于学习的想法、理解、观点和问题。非语言的组织者可能是思维图或流程图。它的效果非常显著。美国中部地区教育实验室（McREL）实验报告显示，一般情况下，学生使用组织者后，学习水平会大幅度提升。

从詹森的研究中我们得知，课堂上至少有87%的学生是视觉型学习者。

第二，通过适当的练习，学生是可以学好的。在学生一开始练习时，教师应该提供指导，提供具体的和有建设性的反馈。一些学生只需要练习几次就能消化所学内容，而其他学生则需要练习更多次才能理解学习的内容。[1] 当学生掌握概念或任务有困难时，尝试改变一下教学模式。比如，你一直都用语言进行教学，尝试用一下图片或模型。在以讲和听为主要学习方式的课堂里，我们在教贫困生或者英语语言学习者时常遇到的困难是，他们没有掌握语言习得的技能。佩恩（Payne，2001）说，那些只懂一些街头话语的学生，在他们说话时不用介词或者副词。她还说："如果学生没有具体词汇可用，那么他检索和运用信息的能力将大打折扣。学生能完成一个任务是远远不够的，他必须能将任务、完成任务的流程进行分类，只有这样，他才能多次成功地完成同类任务，并从元认知水平进行分析。"对这些学生，我们必须适当示范，指导他们识别具体过程中的恰当措辞。我们需要使用视觉和动觉教学方法，引导学生掌握语言技巧以促进学习。

---

[1] 学生小 W 给我印象特别深刻。他做事很慢，凡事都比别人慢半拍，但是做事态度很认真，考虑问题很周全。在英语学习上，别的同学重复 3 次就会的词句，他需要重复 10 次。一节课的内容他最多能掌握一半，这是典型的学习速度慢。但是课后他会来办公室找我，把不懂的问题都问明白。我发现，他只要花了足够的时间，还是可以达到绝大多数学生的水平的。

第三，教师要提供足够的时间，让大脑赋予学习以意义。在学生进入独立练习前，要为学生提供足够的时间处理信息。

詹森（Jensen，1997）说："以我们偏爱的方式学习到的内容，在经过一定的次数和时间巩固后，我们会觉得那就是真的。但事实是，那时的内容还仅仅是缺乏内在意义的资料。"

我们想让学生离开校园时掌握他们必须知道的。詹森总结说："这些活动应该包含三种学习方式，至少持续几分钟甚至更长时间，要重复多次。学生通常是以同学互教、角色扮演、日志写作、自我评估练习和小组合作等方式来完成。"

自我系统的第三个组成部分是情绪反应。很多研究者都认为，情绪是大脑中最强的力量。当学习者面临巨大压力时，情绪能使大脑的高级功能立即停止。情绪也能提高学业表现，使得学习内容更加清晰。多齐尔（Dozier，1998）说："情绪和认知系统合作，能使我们对经历的事情快速产生情绪上的第一印象。大脑马上判断经历的事情是我们喜欢的还是不喜欢的。如对飞行和战争触发的原始恐惧，进入大脑的就是强烈的不喜欢。"所以，对学习感觉好，对课堂感觉好，都是非常重要的。吉文（Given，2002）说，"通过真实事件或者间接产生的源源不断的恐惧，能显著地减弱一个人有效运用学习系统的能力。"事实上，被认为是"捣蛋鬼"的那些学生，可能是出于恐惧才那么做。吉文解释说："一个人感觉恐惧的外部表现可能是行为不良、无响应、动机缺乏或者其他惯常行为模式。他们害怕失败，害怕与社会隔离，害怕父母生气，或者孩子无法理解、无法清楚表达的其他各种恐惧。但是他们不采取策略解决，他们呈现的是一种消极态度。"①

自我系统的第四个组成部分是整体动机。当学生认为学习重要时，他们就存在整体动机，当学生认为他们能完成任务，对于任务就会有一种积极的情绪。②

---

① 学生小 L 让我印象深刻。刚入学的他积极主动，很爱表现自己，但最大的缺点就是脾气暴躁，很不受学生欢迎。几次谈心收效甚微，于是我撤了他的课代表职位，不再搭理他，想先冷他一段时间再说。没想到我的举动给他带来了巨大的影响：上课走神，人也沉默了很多，考试成绩直线下降。看到这样的变化，我决定找他谈谈。当我把他最近的变化说出来并询问其原因时，他眼泪直流，哭着告诉我："老师，我感觉到你不喜欢我了，是不是我做错了什么？我每天都在想，我害怕我所做的事情会让你不开心，我在想以前我到底做错了什么。我白天想，晚上想，老师，我真的怕，但我不知道怎么办。我也清楚近段时间我的表现不好，但我无法控制我的思想。"看着歇斯底里哭泣的他，我心里隐隐作痛，看来我伤害他了。作为一名教师，你的一言一行对学生影响巨大：你一句表扬的话对他来说也许就是天堂，你的一个冷眼也许会送他进入地狱。

② "老师，我们为什么要读书，读书到底有什么用？""老师，像我们读生物、历史、政治、地理有什么用？纯粹是为了考试吗？"……这些形形色色的问题一届又一届的学生都问过我，我也从学生那里得到过各种答案。小一点的学生说是为了爸爸妈妈，考试得一百分爸爸妈妈会很高兴，会奖励各种吃的东西和各种玩具。大一点的学生说为了考上一所好高中、好大学，长大以后能赚很多很多的钱，可以买房子，买车子，过上幸福的生活。其实他们也算是认识到了学习的重要性，虽然只是为了实现一个幸福的"小我"。随着知识的增长和社会阅历的增多，我想实现那个"大我"的愿望会越来越强烈，对知识的渴求也会不断增强。

切记，当学生们决定要专注，要接受任务并准备学时，学习就已经开始了。

全神贯注的状态

詹森（Jensen，1997）认为，学习的第二个标准是达到全神贯注的状态。心理学家奇克森特米海伊（Csikzentmihalyi，1990）说，学生达到全神贯注的状态时，他们的学习效果最佳。他认为全神贯注就是"在令人愉快的活动及与环境的互动中，个人或群体目标自然达成的一种活动的模式"。詹森（Jensen，1997）将其描绘为"不被打断的状态，是一种永久的、愉悦的、在活动中忘我的体验"，他认为，"孩子、青少年和运动员比一般人更能达成这种状态，所以，要重视创造性和学习"。请你思考一下：你在学新知识时，对学习有何感觉？当你专注于任务或者学习时，是不是觉得时间过得飞快，且不希望被人打断？詹森说："当学习者的技能、注意力、环境、意愿和任务匹配时，他们就处于全神贯注的状态。"

几年前，我参加了学校的一个助学重建计划，学生们成绩很差，辍学率高，出勤率低。我们通过改变课堂氛围、评估方式和教学方式，使学校发生了翻天覆地的变化。在三个月之内，学生分数提高了，出勤率差不多达到98%。随着时间的推移，这所学校学生的成绩跃居我们州的前茅，甚至吸引了很多参观者，想学习我们的做法。一天早上，国家教育委员会和州教育委员会的委员也来学校参观。我和他们走进教室，高中生正在用英语进行小组活动。他们正沉浸于彼此的交谈和规划，完全没有注意到我们。最后，委员从一个小组那儿拉过来一把椅子，通过做自我介绍来吸引学生的注意力，了解他们正在从事的工作。所有人都想要这样的课堂，但现实是不可能的。可是，这个有 50% 的学生吃免费餐或者减价午餐，考试成绩和氛围如此之差，被州点名多次的学校尚能如此，全国还有什么学校不能做到这些呢？

你现在可能也在想，要是自己的学生在课堂能有如此表现就好了。但现实是他们并没有。我们现在看看这些策略，以及这些策略如何帮助学生进入全神贯注的状态，并了解他们达到这种状态的原因。

全神贯注的状态是可以由大脑元认知系统部分调节的。元认知系统帮助学生设立个人学习目标，监控行为。当学习者感觉疲倦或者沮丧时，元认知系统使得大脑决定是否继续专注于任务。元认知系统也调节我们控制冲动的能力。一旦自我系统决定专注学习，元认知系统就开始起作用。我们看看这一系统的组成部分，以及它们如何使学生专注于任务。

第一个组成部分是明确目标。一旦给学生布置任务，明确目标就是建立任务目标。比如，教师布置了数学作业，学生就会利用所学的运算法则、策略和探索方法，设立做题的目标。如果他们没有学会足够的知识，他们就会感觉沮丧，出现"开小差"行为。大脑是无意识地执行这个功能的。我们应该明确地教会学生设立目标，为了达成这些目标，还应该引导他们思考需要学习什么以及如何做。这样，我们能确保学生成功。设立目标就是建立完成任务的动机。很多

时候，学生遇到问题时，不是认输就是放弃，我们把
这叫做冲动性。佩恩（Payne，2001）说，冲动性是
贫困生身上的一个特点。这些贫困孩子已觉察到周围
的成人常有失望与感情失控的态度，加上在暴力、争
斗或沮丧的状态下求生存的压力，孩子们表现出冲动
性，从而使得我们的课堂上出现一些困扰。

　　元认知系统的第二个重要组成部分是过程监控。
这一部分只涉及程序性知识。程序性知识是关于操作
步骤的知识。比如，当我们教学生事实、日期、词汇

时，我们教的是陈述性知识，即有关"是什么"的知识。当我们要学生去做实验、解决问题、写作时，我们是在教程序性知识，即有关"怎么办"的知识。过程监控是为了检查被运用于任务中的算法、策略和步骤是否有效。比如，学生运用他在课堂上所学的算法解决问题时遇到困难，就是步骤上出现了问题。如果学生在解决特定问题时出现困难，他脑海中的过程监控就会出现警讯，并告诉他出现问题了。如果学生没有学会控制冲动，他们可能就会气馁或者放弃，而不是去想办法来解决这个问题。佩恩（Payne，2001）说："控制冲动和提高成绩有直接的关系。"这也就是说，当学生们感觉学习进展不顺利时，教师可以通过教学生们设立具体的目标或者教给他们解决问题的模式等，让他们进行选择。

我们可以提高学生的认知行为技能。方法之一是：为每节课都设立具体的目标。比如，我给小学生上有关几何形状的课时，会先告诉他们这节课的目标是什么。这些目标必须以教室里展示的州或者国家的标准为基础，并且应该告知家长。这些目标应该是类似下面这样的。

标准5.2：学生会识别圆、正方形、圆柱体、三角形、长方形和圆锥体。

学习目标如下。

要求学生知道（陈述性知识）：

1. 圆、正方形、圆柱体、三角形、长方形和圆锥体的特征；

2. 圆、正方形、圆柱体、三角形、长方形和圆锥体的异同；

3. 圆、正方形、圆柱体、三角形、长方形和圆锥体在我们生活中的运用。

学生能够做到（程序性知识）：

1. 识别圆、正方形、圆柱体、三角形、长方形和圆锥体；

2. 准确地画出各种形状；

3. 识别特定环境中（如外面、教室里等）的各种形状。

让学生设定个人学习目标。学生在达成目标的过程中表现如何，教师应该提供具体的反馈。

直接教给学生方法，告诉他们如何监测自己的学习，如何在必要时调整修改计划。

表2.1能够指导我们如何帮助学生制订计划。当学生不能完成任务或是遇到困难时，计划能发挥很大的作用，它能避免学生发怒或是放弃。判断我们是否聪明的标准之一就是灵活变通的能力。当计划不起作用时，我们应该能够作出适当的调整，然后高质量地完成任务。

表2.1　规划工具

你的名字 _____
你的目标 _____
为了达成目标需要什么资源？
_____
_____

续表

步骤：你会做什么？

第一步：--

第二步：--

第三步：--

第四步：--

第五步：--

第六步：--

评价：

这个规划进行得好的方面是什么？你达成目标了吗？

出了什么问题？

当遇到问题的时候，你做了什么？

下次你会采取哪些不同的措施？

元认知系统的第三和第四个组成部分是监控的清晰度和准确度。这些组成部分和智力行为是互相联系的。正是通过这两个组成部分，学生才能根据需要，调整原始目标来完成任务。学生只有知道在必要时进行监控和调节，才能高质量地完成任务。不管你的学生是 6 岁还是 16 岁，你都必须清晰地告诉他这一点。任务必须是具有挑战性的，但又不能太难，太难会使人感觉沮丧。教师要为学生提供必要的学习资源，并适当增加难度，使学生完成任务。詹森（Jensen，1997）认为，学习就像弹奏乐器，如果学习者一开始就努力弹奏很难的曲子，他就面临巨大的挑战，压力自然会很大，最后可能就放弃了。如果你计划要学乐器，那就从认识乐器本身开始，再一步一步来。任务必须是由易到难依次排列，且具有挑战性，压力是中低等的。米哈里·奇克森特米海伊说："当挑战超出你的能力，你会感觉焦虑。当能力超越挑战，你会感觉无聊。"我们时常为学生提供具体反馈，这也有助于预防学生冲动。马扎诺（Marzano，1998）发现，如果反馈具体且有建设性，对学生学习具有很大的影响。马扎诺的统合分析表明，为学生提供恰当的具体反馈，能使学生成绩大幅度提升。只是表扬他们"做得好"是不够的。事实上，如果学生知道自己做得不是那么好，这样泛泛的反馈对学生的影响微乎其微，甚至是没有用的。

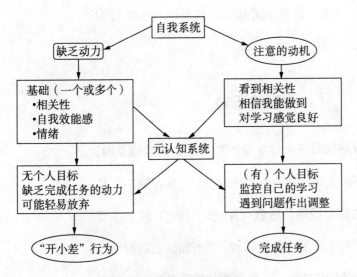

图 2.1 思维和动机系统

那些 "开小差" 的学生怎么办

图 2.1 说明了自我系统和元认知系统对学生行为的重要性。

中低等压力

学生成功的第三个标准是中低等压力的课堂氛围，压力绝对不能太高。从我们出生时起，"生存第一"是大脑恪守的首要原则。詹森（Jensen，1997）说，在面临威胁时，脑干是情绪的指挥者。"当面临威胁时，身体就释放过量的皮质醇，高级思维机能受到抑制，无意识的有助于生存的功能居于主导。"当面临巨大压力时，皮质醇释放到系统中，这对人类是有帮助的，如果学生总是处于高压力状态，他们容易生病，也不利于控制冲动。电脑生成图像显示，人在高压力状态下血液流动加速，脑干和小脑的电活动加强。詹森（Jensen，1997）说："当大脑意识到威胁时，能引起无助感，这些心理变化会导致可预知的、机械的、下意识的反应。"为了找到避免或者减少威胁的办法，很有必要研究一下威胁的组成要素。压力和威胁可以归类如下。

- 来自教室内外的身体威胁。
- 情绪威胁，比如害怕尴尬。对于青少年来说，他们最害怕的是在朋友面前看起来很傻。

- 教育威胁，比如害怕失败，或者不理解学习内容，从而不能完成任务。

- 资源有限，禁锢了学生取得成功的能力。资源有限有很多种可能，比如语言能力欠缺、完成任务的时间期限太不现实等。

现今，低压力似乎是不可能的。我们不能控制学生校外的生活，但是一天中有七八个小时，学生都是处于我们控制之下的。为了减少学生在课堂上的压力，你还能做些什么呢？

防重于治

所有的纪律问题都涉及三个变量：教师、问题学生和其余学生。在三个变量中，能百分之百控制的只有自己。教师专业发展中心的研究（The Master Teacher，2002）指出，"我们总考虑学生怎样适应我们，很少考虑老师怎样适应学生"。

作为教师，我们必须敏感地觉察到学生肢体语言表达的意义，在学生感觉无聊或者无趣之前改变一下教学。智慧的教师在问题出现之前就会在教学上作出改变。

一开始我就说过，课堂中大部分 "开小差" 行为并不是学生无视纪律，而是其他因素作用的结果。教师专业发展中心的研究（The Master Teacher，2002）还提出："要达到纪律严明，教师必须成为主要的调节者。教师首先通过调节学生个体的行为来调节所有学生的行为。"詹森（Jensen，1997）提出运用七种方法来预防学生的 "开小差" 行为。我和老师们已经在课堂和工作室用过这些方法。下次，你也可以在学生 "开小差" 的时候，执行以下一项或多项操作：改变活动的时间，改变活动，改变环境，丰富各种教学资源，改变课堂教学的主导，改变语气或重点。

审视时间

大脑并不能聚精会神地听很长时间。詹森
（Jensen，1997）说，大脑擅长处理快速的变化和转
向，而不善于辨别缓慢的变化和转向。"这就在生物
学上给出了解释，期待学生长时间的专注是不可能
的。"在文献中，我们可以看到各种不同的规则，用
来限制在进入不同活动前花在直接教学上的时间。我
发现，"运用学生的年龄"这一规则对所有年龄段的

孩子都最管用。比如：如果学生是 8 岁，在进入下一个活动前能专注 8 分钟；如果学生是 15 岁及以上，他们能认真听 20 分钟，然后就会烦躁不安，开始和邻座讲话。脑研究能够证实这些规律。我把它叫做大脑的生物钟，如果超过这个时间就要出问题。他们变得烦躁不安了吗？他们开始和他人说话了吗？或者低头想要找其他事做？我已经分别描写过动觉学习者、语言学习者和视觉学习者的 "开小差" 行为。

审视活动

如果是你一直在讲课，尝试作出改变，让学生进行小组讨论，或者让学生进行一些包含你讨论内容的活动。如果你有很多内容要讲，又不确定用什么其他方法，可以运用下面的简单技巧。

- 让学生两人一组，一个是 A，一个是 B。
- 让 A 学生告诉 B 学生过去的 20 分钟讨论的内容。
- 接下来，B 学生告诉 A 学生他遗漏掉的内容。

我和我的同事们会灵活运用这个技巧，学习小组可以有三个人、四个人或是五个人（对于低年级学

生来说，小组不能超过三个人)。接下来，给每组布

置不同的任务，举例如下。

- 第一组：记下我讲课的主要内容。
- 第二组：在我讲的时候做笔记，然后根据笔

  记提出进一步讨论的问题。
- 第三组：在我讲课时记笔记，然后想出一些

  对本课学习非常重要的词汇。
- 第四组：这节课可能的问题域是什么？还有

  什么需要澄清或讨论的？

- 第五组：可以挑剔或批评其他组的表现，看他们有没有遗漏掉什么，听指令了没有，是积极的聆听者还是消极的聆听者。

当然，这些技巧还需要变通。关键是给学生一个目标，教师帮助他们运用内在动机进行学习。

有时候，可以让学生站起来舒展放松一下，这能改变学习的节奏，吸引学生更加集中注意力。如果学生感觉很困，让他们站起来和伙伴说会儿话，这能增加大脑的供氧量，使学生感觉更加敏锐。"站立时，我们能更好地思考"，这句格言不无道理。

记住改变活动的最后一点：动觉型学生需要动作。如果要求他们被动地坐在教室里，长时间地听老师讲课，就可能出现纪律问题。① 传统型教师（以讲授、做笔记和家庭作业为主要方法的教师）看到课堂上的动觉型学习者会很失望。课堂中我们常犯的一个错误是：认为当我们讲课的时候不看着我们的学生就是没有注意听。视觉型学习者就不常看着老师，但那并不表示他们没有听。

———————

① 学生小 Y 和小 H 对分发试卷或作业的工作很感兴趣。只要我抱着作业去教室，他们俩就会马上过来，争抢着说："张老师，我来发吧。"通过观察，我发现他们属于动觉型学习者，让他们整节课都安安静静地坐着简直是不可想象的。所以，当新授课讲完，需要做试卷来巩固所学内容时，我会安排这两个学生来分发试卷，满足他们动一动的要求。

审视环境

　　站在教室门口,看着教室。学生们一进教室,首先映入眼帘的是什么?灯光是黑暗的、明亮的,还是光灿灿的?房间里的气味如何?房间里有什么声音?座位是如何排列的?

　　教室应该是吸引人的地方,采光好,干净有序。你可以用离子发生器来改变房间的气味(像雷雨之后清新、干净的味道),也可以用凝胶蜡烛(不点燃的)。

　　房间的照明是多年探讨的主题。现在人们普遍认为,自然光线结合室内灯光(不是荧光)对于学习是最好的。

　　大脑喜欢新鲜事物,所以要时不时改变一下房间的布置。我们的记忆通道是与情境相联系的。一个单元之后或者是几节课后改变一下学生的位置排列,能够激活记忆通道,巩固学习成果。这个通道对行为是有影响的。下次看到学生"开小差"时,你别直接制止他的"开小差"行为,如告诉他别敲笔了、别踢桌子了或是其他。你可以试试让他坐到教室另一侧去。让学生去教室的另一侧,可以给他一个全新的开始,就像进入不同的教室一样。不相信我是吗?参加教职员大会、去教堂或是开俱乐部会议时,你总是坐同样的地方吗?下次再去时,你可以坐到对面。如果你像我们一样,会觉得就像进入了一个全然不同的环境。

审视资源

　　改变呈现的模式也对注意有很大影响。带些书、磁带、投影设备、电脑到课堂来,同时准备一些音乐。音乐对大脑和情绪有极大的影响。它能巩固学习,带来积极的情绪体验。你可尝试在文学或历史课上放一放"时代之音"。

善用人员

除了自己之外，你还可以把其他资源用于教学，如邀请嘉宾或者学生来讲一部分课。你什么时候最了解所教授的内容？可能就是你给学生讲课的时候。对学生也是如此。我们为学生提供机会，让他们给全班讲课，给伙伴讲课，给小组讲课，这样有助于巩固学习内容。[①]

营造氛围

不同的学习主题要营造不同的氛围。我们区有一位被评为"年度教师"的老师，她教贫困中学的阅读与写作。每年她都教一个主题，她的课堂反映和围绕这个主题。今年她的主题是"游戏"，学生活动都围绕这个主题，比如"拼字游戏"（词汇）。她踩着滑板

---

① 我很尊重一位同事——语文特级教师杨老师，他的作文课就别具匠心。他把学生们所写的作文收上来，然后请几位同学批阅，批阅者需要写上自己的名字，给出分数，同时写上评语，指出这篇文章写得好的地方是什么，还有什么需要改进的地方。到第二次课的时候，他再把作文发给学生，学生分组讨论批阅者所给分数是否适当，评语是否精准。如果有学生觉得批阅者所给分数和自评分数相差太大，可以申请复议。复议的过程就是全班一起讨论、评价作文的过程。杨老师说，通过这样一个过程，学生巩固了写作的标准：扣题准确、结构清晰、视角独特、立意深刻、富有感情与逻辑。这比简单地教授他们写作标准要深刻得多。

车在教室里穿梭，为学生提供反馈。这并没有影响学生的学习，恰恰相反，她的学生都表现良好。有几天她没去上课，学生们很想念她，都不想离开教室。

营造氛围的另一个方法是定时活动，这样学生有时间完成活动，但是没有时间去"开小差"。除了教科书，你还可以利用其他的教学资源。设立目标，并且让你的学生设立学习目标，同时要常常检查，看是否达成了目标。

改变焦点

在上课一开始甚至一整天，都要让学生练习，这样能使学生专注于任务。

想象和思维导图对学生是非常重要的。在学习开始之前，引导学生就学习进行想象。没有想象过进球画面的足球运动员肯定不如事先进行想象的运动员表现好。

最后，必须清楚地让学生了解学习状态，这样他们才能监控自己的学习与行为。詹森（Jensen，1997）建议让学生"有意识地体验每天的状态：参与，好奇，困惑，幸福，怀疑，专注，沮丧，愤怒，冷漠。这样有助于他们意识到，是他们自己在控制状态，而不是你在控制。"

3

应对困难学生

Dealing With Difficult Students

前面几章提出的建议，一般情况下效果显著，但总有些时候我们需要寻求第二种方案。不是课堂中所有的"开小差"行为都无关紧要。学生的行为会有很多原因，很多学者把消极行为进行了基础分类，再进行讨论。我们现在看看这些消极行为的类型以及特点。

寻求关注型学生

寻求关注型学生如果通过正常的渠道没有得到关注，他们就可能会"开小差"，通过吸引别人注意力来完成目标。他们的行为表现方式可能包括以下几种。

- 迟到。
- 不经允许说话。
- 制造噪音。
- 说不合时宜的话。
- 离开座位到处走动，拿卷笔刀，去垃圾筒扔东西等，重复三四次。
- 故意违反纪律。

当需要没有得到满足时，行为可能逐步升级，具体表现如下。

- 大喊大叫或者言语攻击。

- 挑战权威。

你会知道这些行为对自己有影响。"当注意力是不良行为的原因时，一般你会感觉到生气。"（The Master Teacher，2002）

当无法用简单的方式应对学生需要被关注的行为时，诊断学生行为的原因，有助于你找到解决问题的办法。当听觉教学主导课堂时，视觉型和动觉型的学生学习就会有困难。教师通过引入图像和活动，就可以解决这个困境。枯燥也会导致学生"开小差"。你问问自己：所教内容对学生有挑战性吗？是不是要让学生们一直坐那儿听很长时间的课？脑研究者发现，我们的大脑不适合长时间讲授的课堂教学。年龄超过15岁的人，注意力集中的时间最长也只有20分钟。对15岁以下的学生，年龄是最好的标准。比如，8岁的学生只能集中注意力8分钟，然后注意力慢慢消退。你是否参加过超过一小时甚至更长时间的会议？你是否注意到，尽管会议内容是你感兴趣的，但你的思想早就飞出会议室了？

当学生表现好的时候，教师通过提供反馈和尽可能多的表扬，来满足学生需要被关注的需求。① 当得到及时反馈和即时满足时，他们会表现更好。教师必须明确地教给学生，如何恰当地使用元认知系统，特

----

① 学生小 G 平时的听写都达不到标准，中午必须主动找老师重新听写。有一次，他听写得了 95 分。当我把听写卷子发给他的时候，他问："老师，今天中午不需要找您再听写了吧？"我点点头，微笑着转身准备离开。他发起牢骚："老师啊，我好不容易得了 95 分，您也不表扬表扬我！"我马上转身回来，发自内心地感叹："嗯，老师能看出你昨天在英语上肯定下了不少工夫，今天只错了 2 个单词，你要是每天都能坚持这样，我相信你的潜力能得到极大的发挥。你觉得自己能坚持吗？"他满足地点了点头。

作为教师的你，是不是以为只有成绩中下等的学生需要鼓励？对那些认真学习、听话又诚实的孩子是不是有些忽略，认为他们有学习的自主性，能管理好自己了？如果是，那你就错了。孩子毕竟是孩子，他们同样需要你的鼓励，需要被关注与尊重。你应该把这样的孩子当做学生学习的榜样，多多表扬他们为班级作出的贡献。

别是要告诉他们，在完成任务的过程中要坚持到底。

教寻求关注型学生时，记住下面一些要点是非常重要的，这些要点能规范学生的行为。

- 直接中肯。准确告诉他们哪些事情做得不对，后果是什么，为什么会这样。
- 别那么严肃。当应对这些学生时，要微笑或者适当幽默。
- 恰当运用协商法。比如，告诉学生你一次讲课不会超过10分钟，在每个10分钟段结束时，

给学生机会在小组内或同桌之间开展活动，或者进行交流（这是非常脑友好的教学方式）。

- 课上提供机会让学生运动一下。如果小组学习不适合当时的情境，可以让学生站起来，舒展一下筋骨。

权力欲望型学生

权力欲望型的学生可能有如下特点。

- 表现出焦虑。

- 可能常常很累或是头痛。

- 可能尝试利用学生会感觉内疚这点进行控制。

- 常常挑剔或抱怨。

- 尝试控制老师或者课堂中的他人。

- 态度很权威。

"当权力欲导致不良行为时，你会感觉到威胁。"
(The Master Teacher, 2002)

追求权力通常是出于害怕——害怕失败，害怕不被接受，害怕后果等。教师通常是课堂中最有权力的人。在学生看来，只有教师能让他放学后留校、打电话给他的父母、扣分或者给他指派额外的工作。有趣的是，这些学生有时遵守纪律，有时（如当课堂中缺乏秩序时）又破坏纪律。如果教师不立即采取措施，这些学生真的会占上风。在应对这种行为时，首先，教师应该精心组织自己的教学与管理工作，并不断对这种管理进行强化；其次，让学生有选择的机会或者参与决策，这样教师就不太会遇见这种问题。和学生争权力是一种不利的情况，就算你赢了，你也会遭遇到极大挑战。应对此类学生最有力的方法，是倾听他们的忧虑，感受他们的感受，私下解决问题。如果他们很强烈地抱怨,你就"一个耳朵进一个耳朵出"。千万别冲动,别让全班学生看到你们的权力之争。同时,帮助这个学生看看是否有其他的选择。佩恩(Payne,2001)说,教贫民区学生时,让他们写下其他的选择,以及下次怎么选择。格拉瑟(Glasser,1986)说,学生有时候需要权力,因为班里没人听他的。成绩不好的学生会觉得,他们对集体来说是无关紧要的。伯克(Burke,1992)用一个图表模式帮助分析教师和追求权力的学生的冲突。对年龄大一点的学生,可以借用这个模式进行讨论,帮助他们观察、分析自己的行为,找到有助于缓和行为的方法。

与追求权力的学生合作时,可参考下面的策略。

表3.1　权力斗争词汇

行为原因	影响力	排解方法

- 坦诚地说。准确地告诉他们,他们的行为看起来和听起来是什么样的。如果你旁敲侧击,他们也会知道。

- 用事实说话。这是你要做的,也是一个重要指标。这些学生不喜欢"我想"、"我感觉",

他们以事实为依据行事。

- 参考规则。这些学生喜欢规则，也希望规则被
  执行。这种学生需要了解行为规范，但为了维
  持纪律，必要时也需要对他们进行纪律惩罚。
- 陈述问题、规则和后果，并写出来。

报复型学生

报复型学生的特点如下。

- 挑剔课堂，以及其他学生和教师。

- 争论。

- 时常提问。

- 退缩，甚至做白日梦。

- 势利。

- 不是按指定的方法，而是以自己的方式行事。

- 挑剔规则，特别是规则不一致或是没有强制
  实行时。

当他们行为失控时，会表现出卑鄙恶意的行为，比如殴打他人，乱涂乱画。你要知道这些行为带给你的感受。大部分教师会感觉害怕或者生气。

有时，权力的追求者追求权力的需要没有得到满足，他就会报复那些阻挠他追求权力的人。有报复心的学生产生报复行为，可能是因为父母、教师、同龄人的一句话伤害了他，或者由某些不公平、不公正的事情引起。

这种不公平可能不是发生在追求报复的人身上，而是发生在其他学生身上或是整个班级里。应该聆听这些学生，并且认真对待。对报复行为的处罚只会让这个学生的行为问题加剧。你需要私下处理这个问题，而且必须以成人的口吻，不能贬低奚落，不能讽刺。最好的学生身上也会出现这样的问题，特别是当

他们感觉某事不公时。这些学生会运用自己的影响力破坏课堂气氛，使课堂处于一种灾难境地。

当和报复型学生合作时，下面的建议可能有助于行为的转化。

- 跟学生讲道理。比如，"如果我让课堂中所有学生不守规则，都'做自己的事情'，那就乱了"。
- 客观，非对抗。对事不对人，对学生尊重。
- 承认他们对课堂的贡献。

- 时不时提供机会让他们独立活动，满足他们
  为所欲为的需要。

缺乏自信型学生

这些学生有下列一些特点。

- 可能忽视老师。
- 不参与。
- 可能威胁要退出。
- 倾向于对事情有过激反应。
- 可能毫无准备地来上课，也可能达不到要求
  的能力水平。
- 喜怒无常，指责别人的失败。

看到学生这样的表现，你可能会感到沮丧。

这样的学生在课堂中是很好识别的。他们情绪外露，比其他学生更加敏感，但是他们有时很关心他人。这些学生需要教师不时给他们反馈，也需要积极的鼓励。这些学生常常是后进生，他们感觉没有控制点。他们很努力，但是没有体验到成功。他们表达沮丧的方式可能是眼泪、"开小差"、撅嘴、愤怒或是对教师沉默。教师应该和他们谈谈，了解

他们为什么不自信，降低他们的焦虑水平。教师还应为他们提供反馈和鼓励，确保他们独立学习之前已掌握了必要的学习技能。自我效能感是帮助这些学生的关键——为他们提供成功的机会。开始时要给他们布置简单的、低挑战的任务，然后再增加难度，但要保持中低等压力。

对于信心不足的学生，可以参考以下建议。

- 私下平静地和学生交谈。

- 倾听他的故事。

- 保持沟通顺畅。这些学生通常喜欢沟通，但当他们感觉到威胁的时候，就不会和你沟通了。

- 帮助他们意识到学习与自己生活的相关性，特别是学习对自己和他人的益处。

- 这些学生需要不停地反馈，如果可能，教师整节课都应提供反馈。

对由于愤怒、恐惧、报复或权力需要产生的问题，我们需要一个后备计划。这个计划应该有对各种行为问题及其处理方案的设想。当你制订计划后，就不会说出一些难以贯彻的规则。下面我来谈谈哪些是不能做的。

- 别发脾气，就算是学生在评价你或者课堂时，也别发脾气。不要感情用事，尝试"左耳朵进右耳朵出"吧。在作出反应前，可以数数，或深深吸口气，放松一下。弗雷德（Fred, 2002）说："我们生气时爱把手放腰上，放松时放两侧。"当氛围很紧张时也要放松。和朋友或者家人在一起时，要尽量保持放松和冷静。如果你把学生的评价当真，氛围可能会更紧张。

- 别只是吓唬。千万别和学生说你根本不会执行的威胁。就算你能执行，也别当着全班学

生的面说出来，应该单独和某个或某些学
生说。

- 别把名字写在黑板上，那样会疏远学生。

- 别羞辱学生。

- 别忽略学生的不良行为。学生知道有些行为
  是不合适的，但是如果你忽略了，学生就会
  认为你不是很在意那种不良行为。①

- 一视同仁地对待所有学生。行为管理应该是
  连贯与公平的。

如果纪律问题是连续的且和动机无关，该怎么
办？你应该如何处理破坏性的行为呢？

关于如何改变破坏性行为，这里有一些指导。这
些指导部分是以弗雷德的研究为基础的，可以参考网
站 www. fredjones. com 上的内容。

1. 保持冷静。别让肢体语言和脸色出卖了你，
   让学生知道你感觉紧张。花点时间冷静下来

---

① 课堂上学生出现的一些违纪行为如接话茬、喧闹等，教师一定
要当机立断处理。如果教师听之任之，那整个课堂就会一片混乱，因为
学生意识不到自己的问题，他会认为这一切都是老师默许的。对不同学
生应该采用不同的方法。对于敏感和自尊心强的学生，不能直接点名批
评，而应采用旁敲侧击的方式，使对方意识到自己的不良行为，并立刻
纠正。如是前几排的学生，我会轻轻敲击一下他面前的书桌，或站在他
身旁略微停留，或叫他本人或周围学生回答问题，等等，通过这样微妙
的方式来进行行为矫正。

（尽管可能看起来要花很长时间，但通过数数，可以只给自己几秒钟），放松胳膊，用舌头在上颚处打转，使下巴放松。

2. 注视那个或者那几个有破坏性行为的人。如果这还不管用，走过去。

3. 到学生身边，把手放他课桌上，轻声地和他说。当学生回到学习状态时，你手可以移开了，然后慢慢转身离开。你应该继续巡视整个课堂，以观察学生的表现，那样学生就不会把你的这个行为看做是一种干扰。事实上，如果处理得当，学生都不会意识到你是在管教他们。

4. 确保有行为问题的学生脚放在课桌下，完全进入学习状态。如果学生没有完全进入学习状态，那你一走开，他们可能又会和朋友开聊了。

5. 若你离开时，学生作出负面评价，你应该冷静地转身，重复一下你处理问题的那个过程。千万不要就评论作出回应——为什么要激化矛盾，让他们成功地激怒你呢？如果评论有助于学生回到学习任务上，你就该做点什么，因为不只是你听到了，周围学生也听到了。学生会观察你的反应，看你是否对他们作出让步。

6. 在笔记本或者成绩册上把你遇到的逸闻趣事

记下来，可以给父母或者管理者。

7. 如果你觉得学生的行为需要进一步讨论，要求学生课后留下，你再跟他谈一谈。

8. 留下卷宗，记下学生的名字、住址、电话号码和父母的联系方式。

9. 要一本学校纪律规章的副本，一页一页阅读。如果不是孤立事件，必须告知处理步骤。

10. 准备最好的计划。你得知道在既定的情况下如何反应，并且坚持到底。

11. 如果你的学校没有应急计划来处理学生的古怪行为或者超出你能力范围的事（比如学生在课堂打斗），那么你可以和邻近的老师一起制订一个计划，以便你可使用暗语寻求帮助。比如，你可以把苹果切成薄片，当情况变得紧张时，你可以很愉快地让一个学生拿出一片苹果去找隔壁的米尔肯（Milcon）老师。你也可以使用暗语。比如，你打电话到办公室，说今天是华盛顿或者贝蒂波普的生日，其实是说有麻烦了。如果你办公室没电话，可以让学生去隔壁悄悄告诉老师你事先准备的暗语。关键是准备。如果你已经预想到各种情景，那么在面临突发事件时，就更容易保持冷静。

有关愤怒的几个词汇

潘克塞普（Panksepp, 1998）认为愤怒是"我们所经历的、内部爆发的、可能击中别人的一股强大力量"。我们看到，在强大的焦虑和压力之下，人们缺乏自我控制，容易冲动，大家对从暴怒到打斗的现象都习以为常了。课堂也不例外。我们不仅能看到日常生活中的愤怒，也能看到当学生的需求没有得到满足或者感觉受限制时的愤怒。吉文（Given，2002）说，"愤怒是在摆脱糟糕局面的想法受阻时，陷入恐惧而应激产生的"。科学家发现，具有严重侵犯性的人血清素较低，去甲肾上腺素较高。这些化学物质能够激发愤怒和侵犯。（linnoila et al，1994）教师引导学生进行自我检查，有助于减少他们的消极行为。吉文（Given，2002）说："如果教育者期望学生坚持学习任务，他们必须关注学生在课堂上是如何看待他们自己的。"这样做需要耐心和毅力，这是学生和集体的责任。每一个国家议程都涉及教育问题和街区暴力。作为教师，我们有机会帮助解决这些问题，而其他人没有机会。我们可以运用所了解的大脑自我系统，使学生作出影响深远的改变。通过教给学生审查自我、动机和自我形象，来赢得改变的第一步。"如果教师希望学生孜孜不倦地学习，那么他们必须关注学生在学业中如何看待自我，这种关注需要耐心与坚持。"

如果学生常常表现得易怒、好斗，他们的行为就会被内化，他们就会把自我的特点定义为"执拗"。相反，如果学生认为自己友好、乐于助人、善良，这些特点也会被内化，他们就会自我定义为"愉快的和有爱心的"。学生的行为方式会和自我感觉保持一致。

和贫困学生合作

大部分贫困学生不存在纪律问题。然而，这些学生身上有一些特点常会给学生和教师带来难题。佩恩（Payne，2001）说，当被管教的时候，来自代际贫困（二代或者多代贫困）的学生可能会发笑，因为在他们的观念里，这是保全面子的方法。他们的行为可能还包括以下几种。

- 和教师争吵。贫困生常常不相信权威。

- 语言不当或者庸俗。贫民区学生和贫困生使用随意的语言，这种语言包含了一些街头用语。

- 跟不上指令。贫困生不常用程序记忆。贫穷中长大的孩子倾向于为现在而活，制定规划不是他们日常的活动。

- 打架。打架是贫困孩子的生存方式。他们根本不知道如何交往，因为没人教过他们。

- 运用肢体语言。不善言辞也是贫困的一部分。

身体对他们是很重要的，因为这是他们拥有的极少数东西中的一样。

教师该做什么？

大部分学校所教的是中产阶级的伦理、语言和价值观。为了和贫困生更好地合作，我们首先必须理解，贫困生可能不了解中产阶级的规则以及遵守这些规则的重要性。学生们必须知道，在大街上成功是有方法的，而在学校和工作中取得成功又是靠另外的方法。作为教师，你必须明确地告诉学生，面对恐惧时千万别笑，那样会使自己丧命街头。我们要帮助学生，使他们很好地在学校和社区生活。你要帮助他们理解这种差异，并理解差异产生的原因。当你和这样的学生合作时，遵循下列建议可能对你有所帮助。

1. 理解行为的原因。

2. 帮助学生看看他们学校行为的其他选择。

3. 提供足够的动觉活动机会。如果是长时间坐着听课，学生表现肯定不好。（事实上，我们当中也只有极少数人能在这样的环境中表现好。）

4. 教会他们积极地自我谈话。这些学生一来学

校，就坚定地认为他们是不可能成功的。向

他们呈现你是如何运用自我谈话解决问题的。

因为学生从没有这样的经历，所以需要你的

帮助，运用自我谈话来熟悉解决问题的过程。

5. 别和学生争吵。问问他们做了什么，为什么

这么做，下次可能用的其他方法。你可以帮

助他们选择。

6. 用成人的口吻和他们谈话。佩恩（Payne，

2001）认为成人的口吻是"不偏不倚的，无

消极的肢体语言，事实性的，通常以问句呈现，双赢的态度"。这些问题可能包括：

- 这可以用哪些方法解决？

- 这种情况下还有什么选择？

- 这些是那种选择的结果。

- 我们求同存异。

结　语

课堂行为问题的四个主要原因包括注意、权力、报复和自信的需要。和这些需要相关的具体活动都是可识别的。当这些需要没有得到满足时，课堂行为问题会加剧，变得难以控制。行为问题的三个因素——教师、不良行为学生和班级其他学生中，我们能控制的就是我们自己。重要的是课堂上我们不能随性而为，要保持冷静，使学生马上注意这个行为，然后恰当地处理。教师专业发展中心列出了影响行为的七种初级生理需求和八种中级心理需求。这些初级需求包括：

1. 饥饿。不仅仅是指目前饥饿，还有营养不当、碳水化合物太多或是卡路里不足，不能达到身体的最佳水平。

2. 口渴。我们大脑不仅仅是在休息时，而是一整天都需要水合作用。摄取适量的水对于大脑和学习都是很重要的。某些药物可能会导致学生极度口渴。

3. 关系。和教师、学生、课堂之外的任何人的关系都可能是不良行为的潜在因素。

4. 空间和其他物理因素。教室本身可能也是问题，灯光、热度、空气或是资源都能影响行为。

5. 教学中的间歇。如果身体没有得到合适的休息或是学习没有间断，最有趣的学科也会让人感觉无聊。要为学生提供互相谈话、休息和思考的机会。

6. 害怕痛苦。痛苦可能是身体的，也可能是情绪的，这两者都能抑制学习。教师应该意识到课堂中能加剧情绪痛苦的因素并及早消灭它们。

7. 去卫生间的需要。有些学生非常害羞，不会向你提出请求。确保你对于学生请假去厕所这件事有周密安排。教师有时会担忧学生利用此机会做其他事情，但教师不能因为这种担忧而拒绝为学生提供离开教室的机会。

如有问题不属于列出的七种初级生理需求，那就要考虑权力、注意力、报复和缺乏自信的激发因素。在处理问题之前，先确定问题和可能的原因，那样你才能长期有效地处理问题。改变行为并不是一时之功，应该为学生提供机会，帮助他们找出行为的原因，找到满足需要的积极方式。

表3.2 能帮助你识别课堂行为。

表3.2　识别行为问题

报　复	权　力	自我概念	注　意
在东西上乱涂乱画 打架或欺负人 争论以自己的方式行事	不遵守规则 批评 指挥其他学生 试图管理班级	情绪化 不参与 指责别人的失败 威胁要退出	不经允许说话 不经允许站起来 班级小丑 发出噪音取乐

增强积极行为的计划

Planning That Facilitates Positive Behavior

使教师筋疲力尽的主要原因之一就是课堂纪律的缺失。我无数次听到老师感叹，如果学生注意听课，他们成绩肯定会更好。① 这一章中会谈到一些策略，帮助学生争取学习时间的最大化。

良好的规划能创造良好的课堂氛围，促进良好的学习行为。最具创造力的学生也需要有组织、有规划。学生必须知道底线与期待。在本书关于计划的部分，我详细地讨论过这一功能。这本书的目的，是让教师注意，我们需要通过规划过程进行思考，这能防止学生的"开小差"和破坏性行为。伯克（Burke，1992）说："处理纪律问题最有效的方法是预防。"学生知道你的期待后，他们会觉得安全。教师的重要角色之一就是课堂管理者。成为管理者和成为至高无上的统治者不是一回事。优秀的

---

① "上刑场去"、"我终于活着回来了"，耳边时常听到老师这样感慨。这是对一堂糟糕的课的评价，也是对老师自己极大的讽刺。学生的纪律真的这么差吗？这不也正好反映了这位老师的无能吗？课堂纪律的缺失是有些老师最头痛的问题。你上课一旦无法掌控纪律，你所做的一切都是徒劳无功的。但有了好的纪律，你的课堂效率会事半功倍。有一次测试后，几个上课不认真的学生照常没及格。我灵机一动，上课之前说："为检测不及格同学的智商，我决定把试卷分析完之后，通过抓阄的方式请两位不及格的同学再一次接受检测。"一堂课下来，大家非常认真。最后请的两位不及格的学生分别以100分、90分的高分顺利通过检测。这给了他们极大的鼓舞。他们说只要认真，没有什么是做不了的。

管理者能从被管理者中获取所需，他们也是细心的聆听者。

优秀管理者的特点

麦丘恩等（McCune et al, 1999）认为，有效的管理者日常都运用计划和规划。

计划意味着每天准备教案和实施教案所需的一切。规划意味着从学生角度，在脑海中把每课都过一遍，预先想一想课堂成功所需要的东西：相关的解释、信息和指导。①

现在我们看看，有效管理者在规划积极的学生行为和学习方面的特点。

第一，有效管理者是优秀领袖，他们通过示范来表明对学生的期望，引导学生理解什么是积极行为。他们不是理所当然地认为学生来到课堂就具备了成功所需的社会和情感技能，而是把这些技能融入课堂的认知技能当中。他们教会学生遇到困难时如何控制冲动并保证任务的完成。他们也教会学生如何控制行为冲动，特别是那些来自贫民区的学生。有效的管理者教会学生如何运用积极的自我谈话帮助解决问题。他们给学生示范如何与自己谈话。

第二，有效管理者能使学生感觉愉快。他们通常这么做：

- 收集、整理和解释关于学生成绩、社会经济

① 一堂好的课离不开预设。随着教学活动的展开，教师、学生的思想和教学文本不断碰撞，创造的火花不断迸发，新的学习需求、方向不断产生，在这个过程中学生的认识和体验不断加深。预设的目的是为了调动学生，也是为了更好地生成。以教师预设的问题推进教学进程是课堂通行的做法，但未必是最高明的做法。预设的最高境界，应该是学生提出问题。教学的过程应是教师引导学生把被遮蔽的问题挖掘出来、剥离出来、明晰起来的过程。教师的预设应该能让学生提出问题，提出好的、有深度的问题，这说明学生在思考，说明教师在有效地实现自己的教学目标。当学生有了问题，多数学生有了提问的冲动，课堂才能是一池活水，才能生成知识，凝结思想，孕育智慧。

状况和兴趣的数据资料。他们运用兴趣量表
（教师自己制作的）和多元智能理论指导自己
布置作业。

- 和每个学生建立积极的关系。课堂不是你面
  对众多面孔高谈阔论的地方，而是由独特的
  个人组成的，他们有被接受的需要。有效管
  理者应该给学生这样的信念：你过去表现如
  何没有关系，课堂就是一个全新的开始。不
  论学生的社会经济状况、种族和性别如何，

Classroom Management and Discipline

那些"开小差"的学生怎么办

教师对每个学生都要有高期待，而且要通过和学生相处，表达对他们的期待，并通过带入课堂的资源来强化这种信念。

- 为每个学生提供具体的、常规的反馈，帮助学生监控和调节自己的学习，使其元认知系统能达到最高水平。①

- 理解学生之间的差异，贫困区的学生、贫困生和英语语言学习者是不同的。有效管理者不会认为这些学生来到课堂之前就已具备了中产阶级的语言、规则和特点。

- 在教学中运用语境。贫民区学生和来自贫困家庭的学生是依靠信息的背景来学习的。对这些学生来说，如果不借助背景，记忆事实、日期、时代和定义是很难的。他们缺乏在词语中嵌入字符串的语言能力。

————————

① 学生想取得优异的成绩、有聪明的头脑固然重要，但能不能、会不会用自己的头脑又是另外一回事。所以我们教师要帮助学生监控和调节自己的学习。首先，每位学生都要制订自己的计划。计划要明确具体，特别是近期计划，可操作性要强。计划也可包括自己的作息时间表、各科学习计划、行为规范、做什么、不做什么等对自我的具体要求。其次，为保证自己按时完成计划，就要想出具体可行的监督、检查自己的办法，甚至想出惩罚自己的措施。古往今来，有作为的人有一个共同的特点，便是及时检查自己的言行以及学习工作任务完成的情况，发现失误就立即采取有效措施补救。最后，每位学生要建立反馈，看自己的计划、规范是否符合自己的实际：过高了达不到，学生就会失去信心，还不如低一点的计划；目标过低了，学生毫不费力便完成，剩下的大部分精力无处使用，显得更糟。

运用多种教学方法。只运用一种方法教学的老师，可能会漏掉班里很多学生。教师如果理解学生的多元化，他就会运用各种框架和认知方式进行教学。比如，有效管理者会运用不同形式的直观模式，包括语言组织者、非语言组织者和各种模型来帮助学生学习。

第三，有效管理者能布置多项任务，且能很快控制行为问题。"有效管理者能促成学生合作，保证所有学生都积极参与课堂。"（McCune，et al，1999）比如，在我的课堂上，每天学生都以小组提问开始一天的学习（开学时就这么布置的），或是我让他们在课上前5分钟完成我所给的问题，这给了我时间去检查，进入工作状态，提醒走神的学生等。如何使课堂处于有组织的流动状态？麦丘恩等人（McCune et al，1999）说，优秀管理者"在面临纪律问题时，运用最少的必要的侵入性干预，阻止或改变不良行为，保证学生的尊严，就算是破坏性很严重的学生也能受到保护"。

第四，有效管理者知道处理"开小差"行为的正确顺序。他们运用第2章谈到的七个步骤来防止"开小差"行为。对于简单的"开小差"行为，他们通过眼神交流、走近学生或者面部表情使学生重新回到学习状态。对那些还是"开小差"的学生，有效管理者会叫学生的名字让他回答一个问题，或者走近学生课桌轻轻地和他说。只有在必要时才采取进一步的措施，并且一定是私下处理这些问题。教师保持冷静，慢慢关注学生行为，不随性而为。尽管在教师看来，这些行为是针对教师的，但实际上，这些行为是很少针对教师的，除非教师激怒了学生。这些行为经常和权力有关，那些认为自己没有能力的学生会出现这样的行为。我们通过让学生选择和提供保全面子的选择来赋权于他们。

第五，有效管理者知道，情感氛围和物理氛围也是影响人类行为的重要因素。我们都希望被我们所生存的环境接受。你是否有过这样的经历：你的老师或者同事不接受你，你会感觉痛苦和压力巨大？在这样的环境中我们是成长不了的，事实上，我们常常会彻底放弃。① 马扎诺（Marzano，1992）提出一些帮助学生感觉被接受的方法。

- 和所有学生眼神交流。少数民族学生常常抱怨，只有他们在谈论少数民族问题时，白人老师才会和他们有眼神交流。

- 确保你关注课堂的各个角落。巡视课堂确保无人被忽略。

- 直呼学生的名或者他们最喜欢的名字。② 在学

---

① 在读书时代，我们经常有这样的感受：喜欢这个老师，在这门功课上下的工夫就多，学习效果就好。其实，这种微妙的动力就是"情感"。师生间建立了平等、和谐的情感氛围，有了默契，课堂上就能琴瑟和鸣、流畅自然；反之，教师没有建立良好情感氛围，学生的心灵自然能感受到陌生和距离。

② 作为一名老师，如果开学伊始你就能准确地叫出学生的名字，特别是叫他们的昵称，就很容易拉近和学生的距离，增进师生的情感，让你更容易开展工作。今年我接手一个七年级教学班，从外地转来了一名女同学，她从小就跟随奶奶长大，刚开始的初中生活她很不习惯，常嚷着要回去。我通过电话和她父母沟通，双方做工作，收效不是很大。有一回无意中听到她的昵称"恋毛"，我有心记了下来。第二天我和她进行沟通时，我搂着她的肩膀，亲切地喊她"恋毛"时，她非常吃惊，眼泪唰唰往下流。事后她说，那让她在学校第一次感觉到了温暖，找到了家的感觉。此后，她有什么事都跟会主动和我说。

期或者学年考试之初，我会组织活动，并让学生知道，不只是我认识他们，学生也互相认识。我校的一名黑帮成员曾很坦率地和我谈起黑帮，我花了一个上午和他交谈，了解到了是什么诱使他这么小年纪就加入黑帮。他曾经说过的一句话是 "伤害你认识的人更难"，这对我的课堂行为影响很大。我更加确信，我们班所有人都是互相认识的，没有不认识的人。

- 靠近学习者。和他们单独交谈，了解他们。

- 通过适当的方式和他们接触，比如击掌、庆祝。

- 教师的细微方式也能使学生感觉被接受。[①] 比如，教师的口吻和肢体语言都能让学生感觉到被教师接受与否。你可以尝试下面的提问技巧。

——学生回答问题前给他们思考的时间。确

---

① 男生小 X，个子小小的，总是愁眉不展，一副心事重重的样子。课间我要是进教室布置点事，只要这个事和他有关，他就会撅着嘴小声地嘟囔着什么。有次我走近他，弯下腰，微笑着轻声地问他怎么了，他不好意思地笑笑，说没什么。后来我了解到，这个学生学习基础较差，学习速度比较慢，一天的学习下来，他哪门功课都跟不上，功课跟不上就意味着学科老师会找他，所以只要老师进教室，他就会有压迫感。在以后的日子里，我都特别关注这个学生，给他更多的鼓励与微笑，询问他是否需要帮助等。通过这些细微的方式，我让他有了被接受的感觉，他也慢慢地露出了笑容。

保你提问时，给了学生足够的时间思考，

且给每个学生思考的时间都是一样的。

有时，教师认为学生回答不出这个问题，

就不会给他足够的时间思考。教师自己

可能都没意识到，但学生是知道的。

——学生口头回答遇到问题时，给一些提示。

——如果学生对问题很迷惑，可以换一种方

法来重复一下这个问题。

——表扬回答正确的部分。

——别轻视回答不出来的学生。

——营造一种氛围，回答错了没关系，但不

尝试是不行的。①

想想你愿意待的地方，可能是钓鱼的地方、图书
馆、书店、高尔夫球场或是家里。为什么这些地方那
么令人愉悦呢？它具备什么气味？你能感觉到什么？
看到什么？听到什么？……让人愉悦的课堂也是这样
的，它们看上去、闻起来或是听上去都让人感觉
愉悦。

---

①　在教学过程中，教师对学生潜力和学生心理要有良好的把握。
教学语言或幽默风趣，或贴近学生，在与学生平等的对话中创设一种融
洽的课堂氛围。有时老师即使不说什么，只要看着他和蔼的表情、企盼
的眼神，学生也愿意说，也敢说，也会说。在这样的课堂上，学生能展
现自己独特的个性，也能真正地呈现出自己的想象力和创造力。

那些"开小差"的学生怎么办

　　站在教室门口，从学生的角度感受他们进教室时的感觉。视觉上吸引人的地方是什么？你有效地运用声音了吗？你的音调、学生的音调、音乐和其他声音的运用如何？要使课堂感觉舒适，我们要做的事情还很多。

　　如果这个教学单元是关于某个时代的（比如革命战争），你一定得带上一些能代表这个时代的音乐。如果你是在教授有关自然的单元，那你得带些有鸟儿叫声的 CD，或者是带一些学生能够识别的自然界的其他声音。当学生走进教室或者离开教室时，放一些有趣的音乐，如《生命中最美的时光》(*I've had the time of life*)。关于教室的气味也有过很多论述。试试用空气清新剂或者离子喷雾，保持教室空气清新。一位老师在数学课上就运用巧克力的味道，在考试那天给了学生一个巧克力吻。她说这个班的成绩上升很快，因为大脑是通过情境来记忆的，巧克力味会帮助他们记住学过的数学。我们常常不去关注教室的灯光，但是如果你关注的话，最好的灯光是外部自然光和高流明光的结合。

　　第六，有效管理者能使课堂有一种秩序感。在一个混乱的体系中我们没法工作，学生也一样。大部分学生都喜欢学习中的惊喜和独特，但是他们也只有在秩序良好的环境中才能更好地学习。他们知道，学习的规则适应今天，也适应明天，规则必须是连贯的、公平的。秩序指的是运用课堂常规，这些常规可以保证学习的顺利进行。当你规划课堂的时候，想想接下来都做什么。（Marzano，1992）

- 开始上课。如何吸引学生的注意力？为了确保学生进入教室，按时开始上课，你有何步骤？

- 结束课程。如何让学生知道下课了？你会在结束课程时提供一些活动吗？

- 干扰。当外人或者广播打断你的课时，你如何指导学生？当你在上课或者学生在自学时，学生有问题该怎么办？

- 教学步骤。让学生小组学习时，你有什么步骤确保他们快速、安静地进入状态？让学生开展活动时，他们知道如何开展吗？开学之初，我设立了几个步骤，这有助于学生进入不同的小组活动。其中一个步骤叫"约会"，是我需要学生活动时进行的。在开学之初，我就给学生们一个时钟图片，让他们在每个点都和不同的同学建立"约会"。当我需要他们两两合作时，我只需要说"拿出约会时钟，进行六点的约会"。这个步骤的好处之一就是，当有学生分心时，我可以改变小组成员。我也设立了三人学习小组，他们互相帮助，确保人人都知道作业是什么以及如何讨论。

- 公平一致的打分程序。直接告诉学生你对他们的期望，之后一定要贯彻下去。我一直都认为，若学生知道高质量的工作意味着什么，他们肯定就能做到。

第七，有效管理者帮助学生认识到任务的价值。在第3章我们已经讨论了任务的价值对于大脑自我系统的重要性。任务的价值就是能知道哪些是必须要掌握的重要事情，哪些是可以排除的，这也是我们能作为物种生存下来的原因之一。任务的价值应该融入个人目标，成为学生的需要。马扎诺（Marzano，1992）说："研究表明，如果教育者期望学生在课堂任务上取得成功，他们必须把任务和学生目标联系在一起。"有效的方法包括：允许学生围绕兴趣安排任务，允许学生支配任务的具体细节，充分挖掘学生的好奇心。

为了挖掘学生天生的好奇心，可以在其学习之前问"如果……将会怎么样"的问题，或者设法帮助学生学习。在阅读课上，你可以问学生，如果他们被大雪困在学校一夜，他们会怎么办。这就是约翰·比安基（John Bianchi）所写的精彩的《被大雪困在伯克威学校》（*Snowed In at Pokeweed Public School*）一书。

第八，有效管理者帮助学生设立个人学习目标。为了贯彻这个目标，使学生在遇到困难时不至于放弃，你必须直接教会他们目标设置的方法。学生需要知道他们进展如何，取得了多少进步。这是由大脑的元认知系统控制的。教学时，告诉学生学习目标，并且打印或者写出来贴在他们能看到的地方。对还不认字的学生，告诉家长这些目标，或者用图片告诉他们要完成的任务。

要求学生设立个人学习目标后，还要提供具体的反馈，告知学生他们在目标达成上做得如何。

直接教给学生监控自我的技巧，在必要时对计划作出改变。这能防止他们在完不成工作时生气，或遇到困难就放弃。这些都必须直接教给学生，因为大部分学生不具备这种能力。社会判断我们是不是"聪明"，就看计划不起作用的时候，我们能不能作出改变，以及我们是否有坚持的毅力。① 告诉你的学生这一点。

第九，有效管理者在学生进入独立练习之前，确保学生理解了学习内容以及步骤，通过这种方式来减小学生的压力。埃弗森和哈里斯（Evertson and Harris，1991）提出下面的一些步骤来保证学生理解所学内容的结构。

- 通过具体定义步骤来进行解释。

- 给出理由或者步骤的基本原理。

- 通过示范展示。

- 一步一步地呈现任务。

- 解释、演示线索以及线索的来源。

---

① 学生小 L，英语基础很差，学习习惯不好。他对每天例行的单词默写基本上都放弃了。通过和这个学生沟通，他对我作出了承诺：每天的单词听写达到 90 分以上。接下来的日子里，我看到了他的巨变，他实现了对我的承诺。可以看出来，课后他在英语学习上是花了不少时间的。每次我进教室，都能看到他在努力地记单词。我在班里也极力宣扬他这种努力，称他是新世纪最 man 的学生，说他努力学习的样子真的很酷，老师都很受感染。这样他坚持了 2 个月，直到考试。然而考试的结果让他有些失望：提高的幅度很小！他大受打击，状态又回到了从前！他说："老师，我觉得背单词没用，我基础太差了，成绩还是上不去。"学生的努力没有得到立竿见影的效果，他们就容易放弃，这似乎也能理解。于是，我决定借用一下苏格拉底的方法，让学生学习甩手，用力把胳膊往前甩，然后再往后甩，一共 300 下。一周后我问学生：还有多少人在坚持的？两周后再问他们：都有谁还在坚持？到第二周时，还在坚持练习甩手的是那几个在学习上比较有毅力的学生。最后，我让学生自己得出结论：凡事要想成功，不论难易，都贵在坚持，往往谁能坚持到最后，谁就能取得胜利。学习也是如此，要想突破自己学习的瓶颈，请坚持吧！没有毅力，你就永远无法到达成功的彼岸。

伯克（Burke，1992）总结了课堂管理者的相关研究，对有序课堂管理提供了如下建议。

- 积极的教师能预防纪律问题。
- 积极参与课堂活动的学生行为问题更少。
- 能有效运用教学时间的课堂，教师的管理问题更少。

最后，伯克（Burke，1992）补充道：

"有效程序的关键在于连贯。如果这个程序不起作用了，讨论后改变一下，但如果程序是必需的，就还需要加强。课堂管理的问题不是凭空产生的，而是逐步出现的。"

研究表明，建立程序的关键时期是开学的头几周，在这段时间，规则建立起来。教师至少在头一周要提醒学生这些规则。教师在课堂上必须坚定地执行这些规则和步骤，这样，学生就会得到强化，认为这些规则和步骤是很重要的。开学头一周是很忙乱的，也很容易让"开小差"行为听其自然。问题在于，一旦这种行为或者规则被忽略，学生就会认为这个规则对教师来说不重要。关键是教师在介绍课堂步骤的时候，一定要有清楚具体的计划，并且每次贯彻到底。

5

使用合作学习技能的指南

Using Cooperative Learning Skills as a Guide

马扎诺（Marzano，1998）发现，运用合作学习提高学生大脑自我系统对学生学习有至关重要的影响。基于此，为了帮助学生进行自我管理，我们把合作学习作为考查学生的标准是合适的。

什么是合作学习?

合作学习是一种教学策略，它能促使学生为了一个共同的目标共同学习，学生为这个目标单独负责。也就是说，合作学习：

- 具备结构。

- 是一种教学策略。

- 为学生提供一起操练的机会。

- 学生作为个体承担责任。

- 运用反映班级结构的小组结构。

如果这个班级学生 50% 是少数民族，50% 是英裔美国人，那么，划分合作小组时应该考虑这个比例。

合作学习不能代替直接教学，也不是简单地把学生分成小组。真正的合作学习有结构和目的，它不是放任的。

关于合作学习已经有过很多的论述。相关的著作有：斯莱文（Slavin）的《拼图学习》（*Jigsaw*），卡根（Kagen）的《合作学习资源》（*Cooperative Learning Resources*），马登（Madden）、斯莱文和史蒂芬（Steven）的《合作性整体阅读与写作》（*Cooperative Intergrated Reading and Composition*），马登的《合作工作组》（*Cooperative Work Groups*），夏朗（Sharan）的《小组研究》（*Group Investigation*），约翰逊（Johnson）、霍勒布克（Holubec）和罗伊（Roy）的《共同学习》（*Learning Together*），雅各布斯（Jocobs）、洛（Loh）

和鲍尔（Power）的《合作学习教师参考》（*The Teacher's Sourcebook for Cooperative Learning*）。

惠斯勒和威廉斯（Whistle and Williams，1990）说："所以，学习尽管目的不同，但是都包含合作学习，包括学习具体学科内容，帮助有特殊需要的学生通过框架记忆基本事实，提供课堂管理方案，改善不同民族与种族群体的关系，促进高级思维、发展社会技能和合作技能。"

为什么引入合作学习技能？

最近的脑研究表明，我们的大脑是一个社会有机体，我们从一出生就是社会人。我们周围的环境可能促进或阻碍这种天性的发展。鼓励合作学习策略是顺应我们合作的天性。由于学生与人交流的能力各不相同，为了使课堂中的合作学习更加有效，必须有适当的结构以确保其成功。

执行合作学习的建议

合作学习和传统小组合作最根本的不同在于，合作学习强调相互依赖，遵循一系列的基本结构确保成功。有一种潜在的信念是，合作学习中"我们是一体的"，而这一点在简单的小组学习中并没有体现。

运用合作学习的课堂，会有目的地建立结构，确保学生有真实的合作。

在大部分课堂中，有三种学习环境。

第一种环境是竞争性的。竞争性的环境有一个前提是存在胜利者和失败者。比如科学竞赛，给第一名和第二名奖励。这是竞争如何运用在课堂上的例子。

在这种环境中，学生为了达成目标相互对立，只有少数人可能达成目标。因为只有别人失败了，自己才能成功。这叫做消极依赖。

第二种环境是个人主义的。在个人主义的环境中，潜在的规则是我们和自己竞争。学生们为了一个给定的标准如分数而共同努力。为了一个目标，学生们努力合作，这就是个人主义的工作。他们合作的目的是为了他们自己的分数，或者使自己满意。

当课堂中设立个人主义目标时，学生是否达成自己的目标和他人的表现是无关的。在这样的环境中，不存在相互依赖，因为学生注意到，他们在这样的学习环境中是独立的，他们的成功不依赖于也不影响他人的成功与失败。

第三种环境是合作的。在合作学习的环境中，潜在的规则是：我们是一体的，我们需要互助才能取得成功。在学业上，大家一起学习，互相帮助，达成共同的目标，学生之间的相互依赖是积极的。他们发觉，如果每个人都朝着共同的目标努力，便能更加有效地达成目标。

课堂中应该包括这三种方式的学习。以往的课堂更多地依赖个人主义和竞争策略，而很少关注合作策略。随着脑协调学习理论和情商研究的出现，合作学习的重要性进入了时代前沿。

为了阐述合作学习和传统小组学习的差异，惠斯勒和威廉斯提出一个范例。他们认为，传统学习小组只有一个领导，他们被告知要合作，学业目标被置于首要地位，教师在必要的时候干预。而合作学习小组共享领导，学业技能和社会技能一样重要，教师教授过的社会技能在合作学习中得以操练。

教师的作用是和小组互动，就学生社会技能和学业技能的进展情况提供必要的反馈。

教授社会技能

在合作学习中，学生学到具体的社会技能，且社

会技能在课堂中得到强化。比如说，学生会发展
"轮流倾听"这种技能，作出适当的反应。教师示范
这一技能，然后让学生模仿，或者讨论。接下来，教
师向学生解释这种技能。当学生进行合作的时候，教
师巡视课堂。

然后，教师记下学生学业技能和社会技能的发展
情况。为了检查学生运用社会技能的情况，教师可以
问他们看到了什么、听到了什么。学生们的回答可以
写在下面的 T 形表格中（表 5.1）。这个表格可以放
在教室里，让每个学生都能看到。当教师巡视教室的
时候，记下看到的和听到的，从社会方面和认知方面
来检测学生掌握技能的情况。

表 5.1 倾听的技能

可看到的学生行为	可听到的学生语言
眼神交流 点头	赞同的语言 只有一个人在说话
倾身聆听 注视说话者	一次只有一个人评价 评价合适

在小组学习快结束时，教师告知学生他观察到的
情况，然后讨论学生传递给教师的信息。

运用合作技能的教师必须掌握管理方法，使学生
能运用社会技能参与小组所进行的活动并跟上进度。

在我的课堂上，社会技能是学生成绩的一部分。确保学生知道这一点，并让家长也知道。情商和认知技能一样，对一个人的成功是至关重要的。戈尔曼（Goleman，1995）认为情商甚至更加重要。

从表5.2可以看出，我是如何了解学生在社会技能方面的发展情况的。第一行我考查的是在课堂中非常重要的技能。你也可以选择其他技能，最基本的规则是以学生目前的社会技能为出发点。如果学生不知道如何快速、安静地融入小组，那你就得教授这一技

能。学生如果没有简单的聆听技能，就不能掌握

"提出批评时要对事不对人"这样的重要技能。从学

生的实际出发，随着他们年龄的增长，再教给他们更

复杂的技能。

表5.2　社会技能发展跟踪

班级＿＿＿＿＿＿＿　　　日期＿＿＿＿＿＿＿　　　小组成员＿＿＿＿＿＿

时　间	准　时	高质量工作	聆听技能	积极评价
第一周				
第二周				
第三周				
第四周				
第五周				
第六周				

6

课堂管理模式

A Model for Classroom Management

那些"开小差"的学生怎么办

在前面的论述中，我们已经讨论了大脑系统是如何影响动机和行为的。我们也讨论了许多把我们本能的动机运用到学习中去的方法，以及如何运用这些方法去应对学生那些与学习无关的行为问题。我们也关注了城市贫困学生的行为。所以，当行为问题出现时，对教师来说，制订计划是非常必要的。你的言行以及肢体语言对于缓和课堂氛围来说是非常重要的。在这里，你有必要制订计划，以帮助你去监控学生以及学会设计和学生在课堂的合作。下面是计划的格式。

课堂管理计划

教师姓名 ……………………………………………

年级和学科 …………………………………………

一级应用：一般行为管理

1. 为了确保学生在你的课堂被接纳，你将采取哪些措施？列出两三种你会用到的方法。

2. 为了让学生在课堂感觉舒适，你将采取哪些措施？具体来说，你在灯光、视觉效果、气味和音响效果方面会做些什么？你会如何布置教室？当学生走进教室门口时会看到什么？

3. 你如何保证课堂中的秩序感？如何就课堂规则作出示范，并告诉学生你是如何提出这些规则的？你如何处理诸如交作业、记笔记等任务？你如何开始上课？如何结束上课？如果你是教小学生，你如何教他们下午排队上车？

4. 为了帮助学生意识到学习的价值，你会做些什么？

5. 为了帮助学生设立目标，并且自始至终地贯彻这个目标, 你能做些什么?

6. 在给学生分组时, 你有什么相应的划分方式? 你如何识别学生的行为并对其进行评分?

7. 为了改变学生的 "开小差" 行为, 你或许会有一些方法。请你针对每一种方法提出相应的策略。

二级应用: 破坏性行为管理

8. 如果有一个学生有破坏性行为, 你会怎么做?

9. 如果有学生和你顶嘴, 你会怎么做?

10. 你如何控制冲动?

11. 应对班级突发情况, 你是否有规划? 你的规划是什么?

高危险群学生｜At-Risk Students

被认为有辍学危险的学生通常包括以下几种。

- 一门或者多门学科不及格的学生。

- 家庭贫困，社会地位低下的学生。

- 有身体残疾的学生。

- 阅读水平比同年级同学低的学生。

- 在学业上特别是数学上成绩低于同年级水平
  的学生。

- 没达到同年级考试水平的学生。

- 无家可归的学生。

- 移民学生。

- 被虐待或者被忽视的学生。

行为评估 | Behavioral Assessment

课堂行为应该成为整个评估体系的一部分。你可能会想用年级登记册来记录轶事，也可以选择用单独的笔记本来记录学生的行为。

肢体语言 | Body language

肢体语言是一种用来交流的非语言方式。学生通过我们的表情、眼神和动作来理解我们的意图。我们可能对一个不是特别喜欢的学生微笑，但是我们的眼神和站姿传达了完全不同的意思。当我们遇到纪律问题的时候，用语言进行沟通当然很重要，但肢体语言也很重要。可以这样说："我喜欢你，但我不喜欢你现在的行为。"学生不喜欢教师高高在上地训他，不喜欢被人用手指指着，他们也期望被人喜欢。

教师遇到行为问题的时候，可先用几秒的时间深深地吸两口气，然后慢慢呼出，再来解决学生的问题。弗雷德（Fred, 2002）说，当你转身面对他们的时候，把自己想象成皇室成员。你注视着学生时，他们对行为问题的反应不是快速的，对行为问题的化解是慢速的。当我们心烦的时候喜欢叉腰，把手放两侧，让自己放松。当我们生气的时候喜欢绷着下巴，舔舔上颚使下巴放松。很温和地低声和那个学生说话，只要他能听到就可以了。弗雷德还建议说的时候把手放在他桌上，在他桌边逗留一段时间，确保他已经进入学习状态，然后手慢慢地离开桌面，站直，再慢慢离开。如果当你走开时，这个学生又说话，那么你应该停下来，慢慢地转身，再走近他的桌子，把手支在他的桌子上，都让他重新进入学习状态。不要和他争论，他说什么，都让"左耳朵进右耳朵出"，这对学生是权力之争。一定要关注"开小差"行为和其他不良行为。如果你无视不良行为，学生肯定是知道的。

课堂管理｜Classroom Managment

课堂管理是指控制课堂中各种教学因素及其关系，使之形成一个有序的整体。课堂就是最适合学生学习的地方。管理采用大量已知和未知的计划。当教师计划教学时，他们必须为教学打下坚实的正面情绪基础。这包括：

- 物理环境。包括学生的桌椅摆放、灯光、教室的气味和声音等。桌椅必须摆放好，教师可以去巡视，也可以深入学生之间为学生提供帮助，也能提醒到"开小差"的学生。当学习性质发生变化时，教室的布置也要发生

变化。比如，如果学生进行小组学习，桌子
应该是成簇摆放的：要是三人一组就按 T 形
摆放；要是双人合作，就应该是面对面摆放。
如果是大组讨论，就该摆成 U 形和圆形。

- 情绪环境。这种环境包括师生在课堂上的音
  量及其他一些因素。教室是个无威胁的环境，
  对学生来说，我们都是学习者，没有人知道
  所有的答案。不知道所有的答案是没有关系
  的，但是在学习中，所有人都要积极参与和
  尝试。教师对所有学生都要有很高的期望，
  帮助学生用必备的技能武装自己，取得成功。
  比如，老师注意到学生不知道如何设立个人
  学习目标时，就应该直接教授这一技能。

- 当学生 "开小差" 时，采取恰当的措施。这
  些措施必须是一贯的、公正的。麦丘恩等人
  （McCune et al, 1999）说，一般而言，当面
  临纪律问题时，教师应该采取干扰性措施阻
  止这些不当行为，比如与学生眼神交流，巡
  视教室，或者和捣乱的学生简短交流。为了
  避免冲突，顾全大局，应该单独和行为不良
  的学生进行沟通。弗雷德（Fred, 2002）说，
  当进行教师培训的时候，他会巡视教室并和

　　每个老师沟通。结束以后，他要问老师们，
他们是否知道他惩罚了哪个老师。老师们经
常都不知道。课堂也应该是这样的。作为教
师，当学生学习时，你就该巡视课堂，提供
建议、鼓励，阻止"开小差"行为，但是这
一切都得不动声色地进行。

效能感｜Efficacy

　　效能感是一种建立在以往成功经验上的自我信
念。比如，拥有自我效能感的学生会因为过去在学业
上取得了成功而坚信他们能够学习。

　　戈尔曼（Goleman，1995）解释自我效能感是：
一种坚定不移的信念，坚信自己能掌控自己的生活，
能迎接面对的挑战。发展任何一种能力都能增强自我
效能感。自我效能感使人更敢于冒险，寻求更严峻的
挑战。

情绪：积极与消极｜Emotion：Positive and Negative

　　社会环境和学习环境是互相关联的。当大脑意识
到危险的时候，压力会出现。人体释放去甲肾上腺素
和肾上腺素，激活心脏、血管、肺、皮肤、汗腺、唾
液腺、骨骼和肌肉的灵活性。人体释放皮质醇，致使

消化系统和免疫系统功能暂停。

在这些情况下，情绪超越认知成为主导。大脑理性思维效率低下，学习困难。

情绪可能阻碍学习，但对学业的提高也起到至关重要的作用。融入了情感的学习会更加高效。通过音乐、模仿、小组活动、角色扮演和游戏等方式增加积极情感，可以帮助学生提高学习效率，增强记忆水平。

情商 | Emotional Intelligence

戈尔曼（Goleman，1995）常常提到情商。他认为情商对一个人成功的重要性有时要超过智商。情商包括以下几方面。

1. 了解自己感受情绪的能力。这不仅包括了解自己的情感，识别情感产生的原因，我们也必须知道情感和行为的差异，不能意气用事。

2. 能控制自己的情感。这表示我们要能控制愤怒，不能依靠贬低别人或者暴力来释放沮丧和愤怒。我们应该提升对自我和他人的积极情感。

3. 寻找积极的情绪释放途径。这表明，我们该对自己的行为负责，我们还需要对他人负责。

当我们遇到困境的时候，要学会监控与调节，
避免冲动。

4. 同情他人。情商高的人能够感受到他人的情
　　绪，而且对他人的情绪敏感。他们是很好的
　　倾听者。

5. 处理人际关系的能力。情商高的人能很准确
　　地分析、理解人际关系，与别人平等地交往，
　　懂得分享与合作。

值得注意的是，这些特点是建立在大脑元认知系
统之内的。

社会潜规则 | Hidden Rules of Society

佩恩（Payne，2001）对社会经济阶层（贫困阶
层、中产阶层和富裕阶层）的潜规则作了大量论述。
社会潜规则是指特定群体为了进入和适应某个群体所
必须知晓的东西。潜规则影响群体对生活各方面包括
教育的看法。如你想了解有关社会潜规则的更多信
息，请登录 www. ahaprocess. com。

冲动性 | Impulsivity

冲动性是指不能控制自己的冲动。有冲动性的学
生容易对环境作出不当的反应，当事情不像计划中那

样发展时，他们就会放弃。贫困生易冲动，缺乏理性
思考。冲动性是由大脑元认知系统控制的。

学习状态 | Learning States

詹森（Jensen，1997）说，我们有身心合一的那
一刻，这能改变我们的身心。这些状态由它们影响：

1. 我们的思维——记忆图像、声音和情感；
2. 我们的心理反应——姿势、呼吸、手势、瞳
   孔图像、消化情况和体温。

他说，为了学习，学生必须进入良好的状态。他
认为，我们遇到的"开小差"行为通常都是因为状
态不对，但这种状态是可以改变的。比如，坐在教室
后面的学生，椅子靠着墙，双臂交叉，通常都不在学
习状态。他们可能觉得学习很无聊，没有任何意义，
他们需要知道学习和他们日常生活的关系，教师必须
引导他们设立个人的学习目标。

以下三种具体情境能帮助学习者进入良好的学习
状态。

1. 高挑战。难度并不是要高到让学生放弃，而
   是要让学生感觉到有趣和好奇。
2. 低压力。这是一般的放松状态。没压力会让

人觉得无聊，但是高压力又会使人觉得沮丧。

3. 全神贯注的状态。全神贯注的状态是指学生专注于学习，以至于都没有意识到自己这种状态。为了进入这种状态，学生需要挑战，需要设立个人学习目标。

认知方式 | Modalities

我们所学的东西都是通过感觉进入大脑的。大部分人都有自己偏爱的认识方式。当我们以自己偏爱的方式进行学习时，学习才能达到最佳状态。我们也要坚信，自己是可以学会的。研究表明，第一次没有学会的学生，只有以他们偏爱的认识方式才能学会。如果你班里有学生第一次没有学会，那么你得考虑改变你的教学方式。

一些学生对学习不感兴趣是因为教学方式对他们来说太难，所以他们意识不到教育的意义，意识不到教育和自己生活的相关性。最常见的例子就是：传统课堂的讲授法根本不适合依靠动觉学习的学生。

动机 | Motivation

简而言之，动机就是完成任务的驱动力。动机是由大脑的自我系统控制的。要激发内部动机，得满足一些条件。

1. 我们需要看到任务和我们实际生活的相关性，特别是要适合个人。

2. 我们必须坚信能完成任务。此时自我效能感是驱动力。

3. 我们必须对目标持乐观态度。戈尔曼（Goleman，1995）认为，乐观预示着学生能成功，而且乐观是可学的。他还说："乐观，如同希望一样，意味着有种强烈的信念：尽管生活中有失望与沮丧，但明天又是新的一天。从情商的角度来说，乐观就是在遇到绝境时的一种态度，这种态度能阻止人们进入绝望之境。"

贫民区的学生，以及在贫困中长大的学生通常都缺乏乐观精神，因为他们没有很多积极的情绪体验。他们常常坚信，自己不能掌控命运，也不能改变现实。

乐观主义者认为，失败是由可以改变的外在因素造成的，他们下次一定能成功；而悲观主义者把失败归结于他们永远无力改变的一些特性，认为失败是自己的责任。

贫困 | **Poverty**

贫困不仅仅和金钱有关，也和资源有关。对于"贫困"，佩恩（Payne，2001）给出的定义是"个人资源的匮乏度"。

她定义的资源包括如下几种。

- 经济上的：购买物品所需要的金钱。

- 情感上的：对情境作出恰当反应的能力，并能有行为模式来表明这一点。

- 心智上的：日常生活所需的心智能力与技能。

- 心灵上的：神圣的使命感。

- 身体上的：身体健康。

- 支撑系统：在需要的时候，朋友、家人和可依靠的资源。

- 行为榜样：一贯的、恰当的成人榜样。

- 隐性规则的知识。

代际贫困是指超过两代的贫困。

暂时贫困是指贫困是暂时的，和情境有关，比如失业、身体不适或者是家人去世。

奖励与惩罚 | Reward and Punishment

行为学家如斯金纳（Skinner）影响了 20 世纪学校的行为模式。根据脑研究我们得知，在奖惩制度下，人类大脑不能正常工作，"开小差"的原因比预想的要更加复杂。

自我管理 | Self-Management

具有良好的自我管理技能的学生拥有一种习得性技能，他们能作出学习规划，设立个人目标，同时监控和调节这些目标，并且坚持下去。

所有这些技能都是大脑元认知的组成部分。不具备这些技能的学生，教师可以通过直接教他们设立目标和控制冲动，让他们学会自我管理。社会评价一个人智力高低的方法之一就是看这个人是否具备坚持到底的能力，因为毅力对一个人的成功非常关键。

学习方式 | Structures for Student Learning

大部分课堂都运用以下方式中的一种或者多种。

- 竞争学习：学生互相竞争名次和成绩。
- 独立学习：学生单独学习。
- 合作学习：学生一起学习。

为了满足不同年龄和不同学习水平学生的需要，有效课堂应该综合运用这三种方式。

第一种是竞争。在竞争中，潜在的规则是：我赢，你输。我输，你赢。

在竞争中，学生们为了达成目标互相对抗，只有少数人能取得成功，只有他人失败了自己才能成功。这也叫消极依赖。

第二种是个人主义的。其潜在的规则是：我赢，你赢或者输；你赢，我赢或者输。

当课堂上设立个人主义目标时，学生是否达成目标和其他学生的表现无关。因为学生注意到，他们是单独学习，他们的成功或失败并不依靠或者影响他人，所以学生在这种环境中没有互动。

第三种是合作学习。其潜在的规则是：我们是一个集体，你赢，我赢，你输，我也输。

合作学习时，学生互相帮助，达成共同目标。学生之间有正面的影响。集体中的每个人都为了共同的目标而努力，他们觉得可以有效地达成目标。

值得注意的是，合作学习的目标是为了让学生一起操练，当进行个体评估的时候，他们也能取得成功。就合作学习的目的而言，除集体合作的能力之外，教师不应该给集体打分，而是应该按个人能力打分。

小组学习 | Study Groups

这个词来源于合作学习。小组学习通常是三四个学生一起学习 6 周或者更长时间。如果组内有一个学生总是缺席，再安排一个学生进入这个小组。小组合作更适合规模小的团队。如果你以前没组织过小组学习，小组成员不应该超过三四人，然后让学生慢慢适应这个过程。小组学习的目的包括：

1. 一起学习；

2. 一起讨论，一起操练；

3. 参加活动；

4. 同伴评价。

我要求学习小组成员每周至少见一次面，谈论几分钟，看看是否每个成员都有分配的工作，并且理解自己的工作、任务和小组对自己的期待。有些学生遇到不懂的问题，他们不会告诉老师，但是会告诉小组成员，那样，我们就可以干预。

我会按照性格类型组建学习小组。比如，每个小组都有一个传统型领导者、一个有创造性的人和一个良好的沟通者。我不会在一个组内放三个传统型的领导者，因为他们会争论这个组到底是谁负责。我也不会把富有创造性的人放在一起，因为他们会因为想法太多而不能落实在细节上。我同样不会把那些善于沟通的学生放在一组，因为他们可能会忙于探讨而忘了具体工作。

我会为小组安排一些活动，让他们互相了解，然后团结起来。花这些时间是值得的，因为当小组合作愉快的时候，他们就能学得更多。

临时分组学习 | Temporary Groups

临时分组学习时，小组成员一起参加活动，但人员常常发生改变。在学期开始之初，我用一种叫做"约会"的技巧组建小组。我让学生每个学期都准备12个约会（与12个不同的学生）。当需要学生两人一组训练时，我就不需要再临时分配人员了。

思维系统 | Thinking Systems

马扎诺（Marzano，2001）指出了控制我们思维和学习的三种大脑系统。这些系统对行为管理的研究是很重要的，因为它们跟动机和自我管理的过程直接相关。

所有学习都始于大脑自我系统。就是这个系统，决定了我们是否专注和对学习的总体感觉。影响该系统的因素有：

1. 我们怎么看待学习的重要性；

2. 自我效能感；

3. 我们对学习的感受；

4. 我们的内部学习动机。

学习转入元认知系统后，是由以下因素影响的：

1. 设立个人目标的能力；

2. 冲动性；

3. 监控自己工作的能力；

4. 实施中遇到困难时，对计划作出调整的能力；

5. 坚持到底的能力。

最后，学习转入认知系统。认知系统控制知识和程序的采集与存储。

师生冲突中的攻击性语言 | Verbal Language of Discipline

佩恩（Payne，2001）谈到了我们常对学生用的三种口吻。

1. 孩子的口吻。这种口吻是防御式的、批评式的、情绪化的，是极其消极的，也可能是非言语的。比如："别挑我毛病了"，"别批评我了"，"他也那么做"。

2. 父母的口吻。这种口吻是权威性的、直接的、审判性的、惩罚性的，非赢即输，有时甚至是威胁性的。比如："你不应该那么做"，"照我说的去做"，"那太蠢了"。

3. 成人口吻。这种口吻是非判断性的、真实的、双赢的，无消极肢体语言。比如："这些是那样选择的后果"，"我们保留各自的意见，求同存异"，"我想评价一下"，"可以通过什么方法来解决问题"。

佩恩（Payne，2001）说，我们需要以成人的口吻来处理纪律问题，我们需要为学生提供解决问题的示范。

说明：请对下列问题作出正确选择（选项唯一）。

1. 自我管理技能受控于_____。

A. 自我系统

B. 元认知系统

C. 认知系统

D. 管理系统

2. 效能感和_____有关。

A. 以往的成功经验

B. 管理系统

C. 移情

D. 遗传

3. 大部分学生是_____。

A. 运动直觉型

B. 听觉型

C. 视觉型

D. 嗅觉型

4. 课堂最好的学习方式是_____。

A. 独立学习

B. 合作学习

C. 竞争学习

D. 三者结合

5. 下列关于临时分组学习的特点哪个是错的?_____。

A. 每天见面

B. 见面很短一段时间

C. 互相帮助

D. 融入社会技能

6. 下面哪个不是高危险群学生的特点?_____。

A. 经济条件

B. 失败经验

C. 阅读技能

D. 单亲家庭

7. 下列对隐性规则的正确认识是_____。

A. 隐性规则就是没有张贴的班级规范

B. 隐性规则常见于没有规矩的学校

C. 隐性规则实际与社会经济群体有关

D. 隐性规则是由低学历的家长带来的

8. 同情他人是_____的一种特征。

A. 情商

B. 认知系统

C. 感觉

D. 冲动性

9. 内在动机是_____。

A. 建立在奖励基础上的

B. 由自我系统控制的

C. 由认知系统控制的

D. 由元认知系统控制的

10. 下列的学习状态哪些是正确的？_____。

A. 学生需要低挑战

B. 学生需要低压力

C. 学生不需要压力

D. 学生不需要挑战

11. 下列关于合作学习的观点中，哪些是正确的？_____。

A. 教师把学生分成小组就实施了合作学习

B. 合作学习总是包括社会技能

C. 合作学习一般是四个学生一组

D. 每节课都应该有合作学习

12. 学生遇到不能解决的问题时就退出，表明_____。

A. 其存在元认知问题

B. 其具有冲动性

C. 孩子的心声

D. 认知问题

13. 老师讲了 20 分钟后，让学生分组学习剩下的内容。这位老师很有可能是要_____。

A. 准备结束这堂课

B. 介绍本单元

C. 练习设定目标

D. 改变学生的学习状态

14. 教师作完示范后让学生练习所学内容，此时_____对监控学习最重要。

A. 自我

B. 元认知

C. 认知

D. 实验

15. 我们生气时，常会把手_____。

A. 放在背后

B. 放在腰上

C. 放在两边

D. 合拢

16. 沃尔特斯老师为了给学生提供必要的帮助，一直在巡视课堂。突然他注意到有一个学生扭头和同学说话，接下来他该怎么做？_____。

A. 盯着学生

B. 让学生去走廊站着

C. 以全班学生都能听到的音调去阻止学生

D. 把手放在学生课桌上予以暗示

17. 沃尔特斯老师准备离开这个学生的座位时，他发现这个学生稍微转了一下身体，这通常表明什么？_____。

A. 老师离开后，这个学生又会继续和同学说话

B. 这个学生在教室里觉得不舒服

C. 这个学生觉得失望

D. 这个学生对环境感觉不安全

18. 这个学生一投入到学习中，沃尔特斯老师就表扬了他，接着就走开了。他听到这个学生嘀咕："好像我很在乎你的表扬一样。"沃尔特斯老师应该_____。

A. 当做没听见，继续巡视

B. 让学生去办公室待着

C. 走到学生那儿提醒他继续学习

D. 对学生的话给予回应

19. 提问时，最重要的是教师不要_____。

A. 给聪明的孩子更少的等待时间

B. 学生不会答的时候重复一下问题

C. 对于偏爱的答案给予赞扬

D. 避免提问高危险群学生

20. 关于智力下面哪个说法不正确？_____。

A. 智力是解决实际生活问题的能力

B. 智力是提出问题并解决问题的能力

C. 智力是创造事物和提供自己文化认可的有价

值的服务的能力

D. 智力是天生的、不变的

前后测参考答案

1. A	11. B
2. A	12. B
3. C	13. D
4. D	14. B
5. A	15. C
6. D	16. D
7. C	17. A
8. A	18. C
9. B	19. A
10. B	20. D

Burke, K. (1992). *What to do with the kid who: Developing coopera-tion, sekf-discipline, and responsibility in the classroom*. Palatine, IL: IRI Skylight.

Csikszentmihalyi, M. (1990). *Flow: The psychology of optimal experi-ence*. New York: Harper Perennial, HarperCollins.

Curwin, R. L. , &Mendler, A. N. (1988). *Discipline with dignity*. Alexandria, VA: Association for Supervision and Curriculum De-velopment.

Dozier, R. W. , Jr. (1998). *Fear itself: "The origin and nature of the powerful emotion that shapes our lives and our world*. New York: St. Martin's.

Evertson, C. M. , &Harris, A. H. (1992). What we know about managing classrooms. *Educational Leadership*, 49 (7), 74 – 78.

Given, B. (2002). *Teaching to the brain's natural learning systems*. Alexandria, VA: Association for Supervision and Curriculum De-velopment.

Glasser, W. (1986). *Control theory in the classroom*. New York: Har-per and Row.

Goleman, D. (1995). *Emotional intelligence: Why it can matter more than IQ*. New York: Bantam Books.

Gough, P. B. (1993). The key to improving schools: An interview with William Glasser. *Phi Delta Kappan*, 78 (8), 599.

Jacobs, G. M. , &Loh, W. I. (2002). *The teacher's sourcebook for cooperative learning: Practical techniques, basic principals, and frequently asked questions.* Thousand Oaks, CA: Corwin Press.

Jensen, E. (1997). *Completing the puzzle: The brain-compatible approach to learning.* Del Mar, CA: The Brain Store, Inc.

Jensen, E. (1995). *The learning brain.* Del Mar, CA: The Brain Store, Inc.

Johnson, D. , & Johnson, R. (1975) *Learning together and alone: Cooperation, competition and individualization.* Englewood Cliffs, NJ: Prentice Hall.

Johnson, D. W. , Johnson, R. T, Roy, E. , &Holubec, J. (1984). *Circles of learning: Cooperation in the classroom.* Alexandria, VA: Association for Supervision and Curriculum Development.

Jones, F. (2002). Available online at www. frediones. com.

Kagan, S. (1989) *Cooperative learning resources for teachers.* San Juan Capistrano, CA: Resources for Teachers.

Linnoila, M. , Virkkunen, M. , Scheinin, M. , Nuutila, A. , Rimon, R. , & Goodwin, F. K. (1994). Low cerebrospinal fluid 5-hydrox-yindoleacetic acid concentration differentiates impulse from nonimpulsive violent behavior. In R. Masters&M. McGuire (Eds.), *The neurotransmitter revolution: Serotonin, social behavior, and the law* (pp. 62 – 68). Carbondale: Southern Illinois University Press.

Mandel, S. M. (2003). *Cooperative workgroups: Preparing students for the real world.* Thousand Oaks, CA: Corwin Press.

Marzano, R. J. (1992). *A different kind of classroom: Teaching with dimensions of learning.* Alexandria, VA: Association for Supervision and Curriculum Development.

Marzano, R. J. (1998). *A theory-based meta-analysis of research on instruction.* Aurora, CO: Mid-continent Regional Educational Laboratory (McREL).

Marzano, R. J. (2001). *Designing a new taxonomy of educational objectives.* Thousand Oaks, CA: Corwin Press.

Marzano, R. J. , Pickering, D. J. , &Pollock, J. E. (2001). *Classroom instruction that works.* Alexandria, VA: Association for Supervision and Curriculum Development.

Master Teacher. (2002). Available online at www. disciplinehelp. com.

McCune, S. L. , Stephens, D. E. , &Lowe, M. E. (1999). *How to prepare for the ExCET.* Hauppauge, NY: Barron's Educational Services.

Panksepp, J. (1998). *Affective neuroscience: The foundations of himtan and animal emotions.* New York: Oxford University Press.

Payne, R. K. (2001). *A framework for understanding poverty.* Highlands, TX: Aha! Process Inc.

Sharon, Y. , &Sharon, S. (1992). *Group investigation: Expanding cooperative laerning.* New York: Teacher's College Press.

Slavin, R. E. (1983). Cooperative learning. New York: Longman.

Sprenger, M. (2002). *Becoming a wiz at brain-based teaching: How to make every year your best year.* Thousand Oaks, CA: Corwin Press.

Stevens, R. J. , Madden, N. A. , Slavin, R. E. , &Farnish, A. M. (1987) Cooperative Integrated Reading and Composition: Two field experiments. *Reading Research Quarterly*, 22, 433 – 454.

Tomlinson, C. A. (1999). *The differentiated classroom: Responding to the needs of all learners.* Alexandria, VA: Association for Supervision and Curriculum Development.

Whistle, N. , &Williams, J. (1990). *Literature and cooperative learning: Pathway to literacy.* Sacramento, CA: Literature Co-op.

出 版 人　所广一
策划编辑　谭文明
责任编辑　何　薇
版式设计　沈晓萌
责任校对　贾静芳
责任印制　曲凤玲

图书在版编目（CIP）数据

那些"开小差"的学生怎么办?／（美）泰勒斯通著；
张小红译. —北京：教育科学出版社，2013.7
（初任教师·教学 ABC）
书名原文：What Every Teacher Should Know About Classroom Man-
agement and Discipline
ISBN 978 – 7 – 5041 – 7746 – 9

Ⅰ．①那…　Ⅱ．①泰…②张…　Ⅲ．①课堂教学—教
学研究—中小学　Ⅳ．①G632.421

中国版本图书馆 CIP 数据核字（2013）第 131543 号

北京市版权局著作权合同登记章 图字：01 – 2013 – 3311 号

初任教师·教学 ABC
那些"开小差"的学生怎么办?
NAXIE "KAIXIAOCHAI" DE XUESHENG ZENMEBAN?

出版发行	**教育科学出版社**				
社　址	北京·朝阳区安慧北里安园甲 9 号		市场部电话	010 – 64989009	
邮　编	100101		编辑部电话	010 – 64989179	
传　真	010 – 64891796		网　址	http://www.esph.com.cn	
经　销	各地新华书店				
制　作	北京金奥都图文制作中心				
印　刷	保定市中画美凯印刷有限公司		版　次	2013 年 7 月第 1 版	
开　本	169 毫米×239 毫米　16 开		印　次	2013 年 7 月第 1 次印刷	
印　张	9.75		印　数	1—5000 册	
字　数	100 千		定　价	25.00 元	

如有印装质量问题，请到所购图书销售部门联系调换。

Original English Title：

What Every Teacher Should Know About Classroom Management
and Discipline

By Donna Walker Tileston

English language edition published by Corwin Press, A SAGE Publica-
tions Company of Thousand Oaks, London, New Delhi, Singapore and
Washington D. C. , Ⓒ 2004 by Corwin Press.

This Chinese Simplified edition is translated and published by permis-
sion of Corwin Press. Educational Science Publishing House shall take
all necessary steps to secure copyright in the Translated Work in each
country it is distributed.

北京市版权局著作权合同登记章 图字：01 – 2013 – 3311 号